把话说到心窝里

会说话才有好人缘　苏 曼◎著

中华工商联合出版社

图书在版编目（CIP）数据

把话说到心窝里 / 苏曼著. -- 北京 : 中华工商联
合出版社，2017.6（2018.7重印）
　　ISBN 978-7-5158-2026-2

　　Ⅰ．①把… Ⅱ．①苏… Ⅲ．①口才学－通俗读物
Ⅳ．①H019-49

中国版本图书馆CIP数据核字(2017)第129200号

把话说到心窝里

作　　者：苏　曼
策划编辑：胡小英
责任编辑：李　健　邵桃炜
装帧设计：润和佳艺
责任审读：魏鸿鸣
责任印制：迈致红
出版发行：中华工商联合出版社有限责任公司
印　　刷：大厂回族自治县彩虹印刷有限公司
版　　次：2017年8月第1版
印　　次：2018年7月第2次印刷
开　　本：710×1000mm　　1/16
字　　数：193千字
印　　张：14
书　　号：ISBN 978-7-5158-2026-2
定　　价：38.00元

服务热线：010-58301130
销售热线：010-58302813
地址邮编：北京市西城区西环广场A座
　　　　　19－20层，100044
http://www.chgslcbs.cn
E-mail：cicap1202@sina.com（营销中心）
E-mail：gslzbs@sina.com（总编室）

话往心窝说，情往深处涌

公元662年，六祖慧能到湖北黄梅，以一句"人有南北之分，佛性并无南北之分"的说辞赢得弘忍大师的好感，后来又以一句"菩提本无树，明镜亦非台"的偈语，传承大师衣钵，成为禅宗第六祖。

1983年，为说服当时的百事可乐总裁约翰·斯卡利加入苹果，乔布斯问了这样一个极富煽动性的问题："你是想卖一辈子糖水，还是想跟着我们改变世界？"后来，乔布斯不但成功说服了斯卡利，而且，他们确实改变了世界。

马云在激励年轻人创业的一个演讲中这样说："不管你怎么看，我们经常说生意越来越难做，其实生意从来就没有好做过。年轻人纠结今天IT行业被阿里巴巴、腾讯、百度霸占了，我们刚出来时也觉得机会给IBM、思科、微软拿走了，但是你要相信，30年以后，中国企业一定比今天好，一定比明天大，30年后富人一定比今天多，30年以后的文化一定比今天丰富多彩，30年以后的年轻人一定超越我们，这就是世界的变化。我爷爷说我爸不如他，我爸说我不如他，我觉得我爸比我爷爷厉害，我比我爸厉害，你们会比我们厉害。"马云的讲话赢得了现场一阵阵热烈的掌声。

六祖慧能的话充满智慧，故而得到赏识；乔布斯的问题充满野心，故而拥有力量；马云的话抓住了听者的心理，引起了共鸣，所以赢得了大家的赞同。当然，这些人的话都有一个共同的特点，那就是它们不仅仅是在传达说话者的意思，也在传达说话者的感情。正因为如此，他们的话不仅飘入了听者的耳朵中，还走进了对方的心窝里。

也许有人会问：把话说到人的心窝里真的有那么重要吗？

这个问题的答案或许会因人而异，毕竟有些人物的成功靠的是自己的实力，而不是巧舌如簧的社交技巧。另外，在说话与成功之间画等号本身就是狭隘的思维在作怪，因为人生绝不是只有成功与否这一个衡量标准。我们生于社会，长于社会，要维系的关系有很多，比如父母、子女、同事、朋友，甚至还有很多陌生的客户。如何维系关系，如何加深感情，这些都不是你随便和对方聊聊天就能够做到的。维系关系是一方面，我们还要处理很多围绕这些关系而发生的事情，比如劝说父母不要相信朋友圈里的诈骗信息，教导子女要好好学习，鼓励朋友走出低谷，建议领导采纳自己的建议等。当然，我们可以和他们讲道理。但是，小孩子能理解多少道理呢？领导会比你知道的道理少吗？回过头来，当你被这些关系、这些事情搞得晕头转向的时候，才发现原来很多问题都出在自己讲的道理缺乏感情，而不是你说的话没有逻辑上。

实际上要想把话说到对方的心窝里并不难，或许只需要你换种措辞，改改口气，有点耐心，就足够了。当然，通往他人心窝的话最好从你自己的心窝发出，因为唯有这样，你的话才够真诚，你们之间的情谊才够深厚。

目录
CONTENTS

第九章 细节决定心窝话的成败

第十章 懂得说话技巧，你能终身受益

开口有益，给他人留下良好的第一印象

好学君："知心姐姐，我们单位的李老师下周要去少年管教所做一次青少年心理辅导方面的演讲，让我帮忙润色一下讲话稿。但是有一个难题，就是该用什么词去称呼这些少年犯，能够既不伤及他们的自尊心，又能让李老师在他们心目中留下好印象呢？"

知心姐："哦，这还真是不能大意。你是怎么想的呢？"

好学君："我想了几个词，但是感觉都不合适，比如称呼'朋友们'或者'孩子们'都太普通了，对他们没有任何触动，但是如果直接称呼'少年犯'，肯定也不合适，会激发他们的逆反情绪。"

知心姐："你的分析很有道理啊。这样，你可以用'误触法律的少年朋友们'做开场称呼，试一下效果。"

李老师在少年管教所做完青少年心理辅导的演讲后，回来对"好学君"赞扬了一番，因为他提供的称呼产生了神奇的效果，不仅让大家专注于自己的演讲，而且使有些人流下了热泪。临走的时候，很多人还依依不舍，纷纷向李老师承诺，一定会好好学习、改造，进入社会后要做一个栋梁之材。这就是开口有益的神奇之处。

称呼不得体，后面的话再精彩也会让人尴尬

在家里，称呼只是一个代号，但在社会上、工作中，称呼则往往体现了一个人的情商、涵养。特别是在人际交往中，如果称呼错误或者不得体，别人就会认为你对他不够尊重。此时，就算你接下来说得再好，也无法赢得对方的好感，更别说把话说到对方心窝里去了。

不同国家的语言不同，社会制度也不一样，各个民族的风俗习惯也不同，这就会导致称呼在不同区域内的差异很大。如果称呼错了，不仅会让对方不高兴，甚至还会闹出笑话或者引发误会。也许有人会说，既然称呼这么烦琐，那么就直接叫名字吧。这的确是一个办法，但即便是称呼名字，也不可随便叫，比如你不能直呼上司或者老人的名字。另外，中国人和西方人的名和姓的位置是颠倒的，如果你不知道这个常识，就会使自己陷入尴尬。

得体的称呼是一方面，你如果想把话说到对方的心窝里，就必须考虑对方认为得体的称呼。这句话听起来有点绕口，我们可以通过一个案例来感受一下。

蔡女士今年42岁，是一家饭店的老板，平时很注重自己的美容保养。不过，她的皮肤并没有像她想象的那样富有光泽，而且脸上的皱纹也很明显。当然，这并不是她光顾的美容院档次太低，也不是使用的美容产品质量太差，而是她早年创业时留下的"痕迹"。蔡女士学历不高，很早就出来打工，干过洗碗工、服务员，吃过很多苦。她后来创业开饭店的初始资本就是通过早年打工积攒起来的。

蔡女士经常对着镜子愁眉不展，感慨自己的青春不再。不过，即便如此，她也还是希望通过美容来掩饰自己的老态，而且她还让饭店里比她年龄小的所有员工都称呼她为"蔡姐"。有一天，她陪同一个客户去逛商场，在一家服装店看中了一套喜欢的衣服。蔡女士刚想试穿，站在旁边的一位20多岁的女导购就上前搭话了："阿姨，您的气质真好，穿上这件衣服绝对更加光彩照人。"

让导购纳闷的是，蔡女士看了她一眼，放下衣服就离开了。这时，和蔡女士一起逛街的客户对导购说："她不喜欢别人喊她'阿姨'，你刚才要是叫她'大姐'，这套衣服她肯定就买了。"

望着蔡女士远去的身影，那位导购后悔不已。

蔡女士为什么转身离去呢？问题就出在称呼上。女人一般都比较忌讳自己的年龄，不愿意别人问，也不愿意别人用一些能体现出她们年龄的称呼。你如果想把话说到对方的心窝里，就只能顺着对方的意思，多说些让她们感觉自己还很年轻的称呼。这并非欺骗，而是措辞的技巧。现如今，走在大街上的时候，你会发现那些小商小贩不管对方长得美丑，一律"帅哥""美女"

地称呼自己的顾客。为什么？道理很简单，因为大家都爱听。所以，要想把话说到对方的心窝里，首先称呼就应该让对方爱听。

称呼是一门说话的艺术，只要你开口说话，就必然面临着称呼的问题。所以，无论是于公于私，还是于人于己，称呼都是非常值得大家重视的问题。称呼是一个敏感的事情，也是一个相对复杂的事情。并不是只要把对方想要的称呼说出来就行，你还要考虑对象、场合，以及与对方的关系、当地的风俗习惯等。所以，要想把称呼说到位，就需要多注意以下几个方面：

1. 参考对方的年龄

中国有句老话叫"逢人短命"，意思是说，在和别人聊天的时候，如果不清楚对方的年龄，就尽量把年龄往小了说。特别是对于女性，能叫"大姐"的就不要叫"阿姨"，能叫"阿姨"的就别叫"奶奶"。当然，如果知道对方的年龄，也可以往小了叫。不过，此时你需要再考虑对方的性格、脾气。如果对方性格开朗，脾气好，即使叫小了对方也会开心；如果遇到严肃且脾气很偏的人，你把对方叫小了，对方就会很生气。

2. 结合彼此之间的关系

称呼是反映人与人之间关系亲疏远近的非常有效的标签，比如你喊"爸""老爸""爸爸"就代表着不同的亲疏关系。当然，这些称呼有可能是由你的年龄，也可能是由你的性格，或者由父亲当时的情绪决定的。总之，人们会根据人与人之间亲疏关系的不同，来调整自己的称呼，以尽可能地与当时的情境匹配。

基于关系与称呼之间的紧密联系，我们在和普通朋友相处时尽量不要用过于亲昵的称呼，因为这会让对方提高警惕，认为你是在为了什么目的而故意接近他；如果是在和非常亲密的朋友交谈，最好不要用过于正式的称呼，因为这会让对方尴尬，并认为你太见外了。

3. 参照对方的职业

职业是一个人在社会上最显眼也是最常用的身份，所以结合对方的职业进行称呼也是社交场合最常见的行为。比如对医生、教授、法官、律师等，均可直接称呼"医生""教授""法官""律师"等。当然，你也可以在职业前面加上姓氏或者在后面缀上"先生"，如"王教授""法官先生"等。

4. 迎合语言习俗

文化习俗不同，称呼也可能存在着巨大的差异。比如，有些地方把开水叫"茶"，有些地方把儿子的老婆称为"媳妇"。另外，中西方国家也存在着称呼上的差异。比如，中国人习惯把妻子称为"爱人"，但在外国人眼里，"爱人"是第三者的意思。

称呼从来都不是小事，因为一个错误的称呼有可能会让你失去一笔生意，让你后面的千言万语、巧言妙语都变成空气；相反，一个得体的称呼有可能让你受到他人的欢迎，此时，你后面的话即使索然无味，也能够轻松直达对方的心窝。

知心话

称呼是一门说话的艺术，只要你开口说话，就必然面临着称呼的问题。所以，于公于私，于人于己，称呼都是一个非常值得大家重视的问题。

说话也应注重天时、地利、人和

在现实生活中，有些人说话总是不顾及他人的感受，不考虑时机是否成熟，也不管场合是否合适，结果说出来的话要么得罪了人，要么破坏了气氛。或许有些人的出发点是好的，但这些都无法掩盖说话伤人的事实。我们常说"凡事三思而后行"，其实说话也是这个道理，我们也应做到开口之前先三思。

1. 思自己

说话之前，首先要思自己，意思是说我们要对自己的角色有一个清醒的认识，应该说符合自己年龄、身份的话语。比如，如果你是一个20多岁的年轻人，就不要以老气横秋的口吻说训诫的话；如果你是一个领导，就不要在下属面前说充满负能量的抱怨之言。

2. 思他人

这里的"他人"包括两类人：一类是你的交谈对象，另一类则是在场的第三方。应考虑交谈对象这一点很容易理解，为什么还要顾虑在场的第三方呢？其实，这个也不难理解。比如你作为领导正在教导下属，如果旁边坐着下属的客户，你认为下属会没有任何感受吗？或者你想通过自己失恋的故事来安慰闺蜜，却发现旁边坐着自己的男朋友，你认为自己好意思开口吗？如果不考虑第三方，会发生怎样的尴尬呢？我们不妨通过一个流传甚广的例子来反思。

有个人过生日宴请宾客，他看时间已经过了，还有一大半的客人没到，便焦急地说："怎么回事，该来的还不来？"几个心思敏感的客人听到后，心想："该来的没来，那我们是不该来的了？"就悄悄地走了。

主人一看走了几位客人，更着急了，便说："怎么不该走的客人反倒走了呢？"剩下的客人一听，又想："走的是不该走的，言外之意就是这些没走的倒是该走的了！"于是都走了。

最后剩下一个跟主人关系较亲密的朋友，看了这种尴尬的场面，就劝道："你说话前应该先考虑一下措辞，否则说错了，就收不回来了。"主人感觉有点委屈，忙解释说："我并非叫他们走啊！"

朋友听了很生气，说："不是叫他们走，那就是叫我走了。"说完，头也不回地离开了。

如果仔细揣摩主人的话，便会发现他的话有歧义。倘若他的话被那些当时还没来或者提前走的客人听到，肯定会为自己被主人"重视"而感到高兴。不过，那些被"重视"的人当时都不在场，反倒是让在场的人感觉到不被重视。这就属于典型的"有口无心"，也正是不思考他人导致的恶果。

3. 思场合

古人排兵布阵的时候经常会遵循因地制宜的原则，事实上，这也是说话应该遵循的道理。说话之前，应先明确自己处在一个什么样的场合，然后再选择说话的措辞、语气等。在有些场合，或许你说的话很受人欢迎，但是换一个场合之后，同样的话却可能产生截然相反的效果，甚至招来非议。

距离过年还有近一个月的时候，北京一家规模颇大的房地产公司举办了一场大型招聘会。求职者络绎不绝，李女士也是求职者之一。三轮面试过后，她很快就被这家公司的人事总监选中，并让她马上办理相关手续。当时的李女士正满心喜悦，便随口问了这样一个问题："我能否过完年再来上班？"结果，人事总监当场发飙，说："那这样吧，过完年你也不用来了。"刘女士一头雾水，想让总监给个说法，但对方头也不回地扬长而去。

这时，站在她旁边的一个人事经理走过来，告诉她："我们公司永远不会录用在不恰当的场合说不恰当的话的员工。"

其实，刘女士如果真因家里有事，不能年前入职，完全可以等到面试结束后再通过电话等方式详细告知。结果她被面试成功的喜悦冲昏了头脑，竟然还没开始上班就提前请假。这样的话任谁听了，都会难以接受。

 知心话

说话前要三思：一思自己，二思他人，三思场合。开口说话前，只有先三思，才有助于你把话说到对方的心窝里。

良好的开场白是良好印象的关键

　　不管是初次见面的随意聊天，还是在正式场合发表演讲，一个好的开场白往往能够快速拉近与他人的距离。因为好的开场白会给他人留下好印象，进而激发对方倾听的兴致。相反，一个不好的开场白只会破坏这种兴致。这种观点并非空穴来风，而是有实实在在的依据的。

　　根据首因效应的观点，交往双方形成的第一印象对今后的交往有着直接的、持久的影响。虽然并非所有的第一印象都是正确的，但却是最鲜明、最牢固的，并且决定着以后双方交往的进程。

　　如果一个人在与他人初次见面时给人留下良好的印象，那么人们就愿意和他接近，彼此也能较快地相互了解。反之，一个初次与人见面就引起对方反感的人，即使由于各种原因难以避免与之接触，人们也会冷淡待之。在有些极端的情况下，甚至会在心理上和实际行为中与之产生对抗情绪。

　　所以，说话者要想把后续的话送到听者的心窝，就不能忽视开场白的作用。

1984年，里根总统受邀访华，并在复旦大学礼堂面对一百多位师生代表发表演讲。在演讲正式开始前，他说："来华之前，我碰到了一位复旦大学的留学生，她要我向谢希德教授问声好。"随后，他转身朝向谢校长说："谢校长，这个口信我可是带到了，请您回头给这个留学生打个电话告知一声，她的号码是……"

里根总统的话音刚落，全场立刻爆发了热烈的掌声。堂堂美国总统，竟然如此认真负责地替一位普通的中国留学生带口信，而且还把对方的电话号码给记住了。

里根是美国历史上比较有作为的总统之一，而且也是演讲高手。从他上面的这段话中我们会发现，他不但擅长演讲，而且还非常善于捕捉听众的心。

俄国大文学家高尔基曾说："最难的是开场白，就是第一句话，如同在音乐上一样，全曲的音调，都是它给予的。平常却又得花好长时间去寻找。"

开场白是一个人口才的展现，也是其内在修养和思想的体现。一个好的开场白所折射出的光辉，不仅可以吸引对方，还能够影响对方对我们的印象。

陶行知先生是我国著名的教育家、思想家，他不仅重视教育的内容，还提倡在教育方式上有所创新。

有一次，他在武汉大学演讲，他并没有一上台就开始说话，而是从箱子里拿出一只大公鸡。随后，他又从兜里掏出一把米撒在桌上，并强行按公鸡的头，让鸡吃米，结果公鸡却咯咯地叫，并不吃。他又把公鸡的嘴巴掰开，把米硬往鸡的嘴里塞，结果鸡还是把米给吐了出来。最后，他松开手，把鸡很自然地放在桌上，结果公鸡自己倒是开始吃起米来了。

这场哑剧让台下鸦雀无声，听众的胃口也都被吊起来了。这时，陶行知开始了他的演讲："我觉得吧，教育孩子和喂鸡的道理差不多。先生强迫孩子学习，硬把知识往他们脑子里塞，他们反而不愿意学习。即便当时是学进去了，记住了，但过不了多久，他们也会把学到的知识给'吐'出来。相反，如果给他们营造一个轻松自由的氛围，充分发挥他们的主观能动性，效果肯定会好得多。"

这种通过在开场白中演哑剧、制造悬念的方式，不仅可以激发听众的强烈兴趣，还可以吸引他们的注意力，从而取得出奇制胜的效果。

要想把话说到他人的心窝里，建立良好的人际关系，一个非常重要的前提条件就是给对方留下深刻的正面印象。要想留下这种正面印象，就需要一个好的开场白。

 知心话

不管是随意聊天，还是在台上演讲，好的开场白就像是一场童话故事的开端，而平庸的开场白就像是一部肥皂剧的开始，不好的开场白就如同一场噩梦的来临。

会说大白话才能说好心窝话

2017年春晚小品《大城小爱》里面有一个场景，演的是白鸽扮演的妻子问刘亮扮演的丈夫自己漂不漂亮，刘亮说不漂亮，结果被妻子推了一下，假装摔倒在地，便引出了下面的对话：

刘亮：（摔倒）哎呀，这会儿想当蜘蛛人，也当不了了。

白鸽：咋了？

刘亮：下肢表皮保护层粉碎性脱落，血小板大量溢出。

白鸽：通俗点儿。

刘亮：脱了皮。

"下肢表皮保护层粉碎性脱落"是"脱皮"较为学术性的说法，但在妻子眼里这不是大白话。现实生活中经常会碰到这种情况，明明用通俗的语言就可以表达清楚的事情，结果被某些人用一些他人听不懂的话表达得好像高深莫测的样子。要知道，语言是用来沟通的，这就需要有来有往。如果一方故作高深，只顾自说自话，让他人听不懂自己的意思，即便这体现出了他的优越感，也对双方的沟通没有任何益处。所以，要想把话说到他人的心窝里，就必须学会说大白话。

所谓说大白话，就是不仅要从对方的思维立场出发，还要用对方能够接受的语言表达自己的意思，从而让对方明白，并及时给予反馈。如果强行灌输自己的所思所想，只能让对方瞠目结舌，造成尴尬状况。

古时候有个秀才因为冬天太冷，想到集市上去买点木柴，结果刚出屋子就看到有个卖柴的人从远处走来。秀才非常高兴，冲着卖柴的人喊："荷薪者过来！"（挑柴的人你过来！）卖柴的人听不懂"荷薪"是什么意思，但从"过来"俩字知道了秀才的大概想法。他环顾四周发现没有别人，就把木柴挑到了秀才面前。

秀才看了看木柴，感觉质量还行，就问："其价如何？"（怎么卖的？）卖柴的人一脸茫然，不过还是从"价"这个字上面揣摩出了秀才的意思，便告诉了他价格。秀才听后感觉有点贵，想砍一下价，不过他是这样说的："外实而内虚，烟多而焰少，请损之。"（你这木柴外表是干的，里面却是湿的，燃烧起来会烟多火焰小，请便宜一点吧。）

这一次，卖柴的人完全蒙了，一点都不知道秀才在说什么。他直愣愣地看了秀才一会儿之后，索性背起木柴就走了。

唐朝诗人白居易的诗之所以能够在当时就广为人知，一个主要的原因

就是他的诗通俗易懂，即便是不认识字的老妇，只要听别人把诗念出来，就可以理解其意。反观现在的有些人，写的文字不仅毫无意义，有些还个性极强，让读者百思不得其解。这就属于典型的不说大白话。

说到这里，我们就可以理解为什么很多电视剧里的经典台词能够经久不衰，也可以理解为什么有时候陌生人一句普普通通的关怀问候就能够让自己热泪盈眶。就是因为那些都是大实话、大白话，没有大道理，也没有故作高深的高姿态，就像是好友相聚，在耳边细语。说大白话其实很简单，比如"我真的很想念你啊！""累吗，要不我给你揉揉背？"这些平常话更容易让对方感受到你的关怀，也更容易走进对方的心窝里。

 知心话

所谓大白话，就是用最通俗的语言把你心里最真实的想法直观地表达出来，比如"我爱你""我想你了""你累不"。有时候，就是这些最简单的话，反而是最美的心窝话。

会赞美的人，运气都不会太差

赞美是在工作、生活中很常见的一种做法，比如敬酒的时候赞美一下领导，推销产品的时候赞美一下顾客等。特别是想与陌生人搭讪时，为了尽快和对方建立关系，成为朋友，适当赞美是不可或缺的。那么，在这种情况下，究竟该怎样赞美呢？谈对方的得意之事绝对是明智之举。

李江在北京国贸一家外语培训机构上班，每次中午吃饭的时候，都能看到一位穿着工作制服的女孩在离自己不远处吃饭。刚开始他还没有什么感觉，但时间久了，无形之中对女孩有了一种莫名的好感。有几次，他都想上前和女孩打声招呼，但女孩在吃饭的时候，眼睛从来不离开手机。

一次周末加班，李江照例一个人到老地方吃饭，结果发现那个女孩也在。不过，这次吃饭的人比往常少了许多。所以，李江下定决心一定要在今天去和对方打声招呼。就这样，他端着饭盒来到那个女孩旁边。对方照例在看手机，李江走到女孩对面的座位，很自然地问了一句："请问这个位置有人吗？"

女孩抬头看了李江一眼，微笑着回了一句："没人，你随便坐吧。"随后，她的眼睛又回到了手机屏幕上。

李江有点尴尬，不过他还是调整了一下自己的神态，换了个口气说："我经常来这个地方吃饭，而且也经常在这里看到你，不知道你对我是否有印象？"

听到这里，女孩终于放下了手机，抬头又重新审视了一下他，说："抱歉，因为这里每天吃饭的人很多，所以对你没什么印象。"

李江说："哦，没关系，因为你比较特别，所以比较容易引人关注，而我太普通了。"

女孩说："特别？我有什么特别的？"

"每次吃饭的时候，你都低着头看手机，好像周围的世界对你而言都不存在似的。"

"哦，这个啊！其实也不是看手机，而是在手机上背单词，因为过段时间我要被公司派遣到国外学习一段时间，还要参加一个考试，所以最近比较忙。"

"被公司派遣出国学习，了不起，看来公司很重视你啊！你是做什么工作的？"

"会计。"

"那你一定是公司的业务骨干了？"

"还行吧，反正公司涉及学习以及新人培训这一块都是由我来主导的。比如，前段时间国家实行的'营改增'政策的学习，公司也是派我去的。这次去国外，主要是向一家世界500强企业学习，争取把对方的先进方法用到我们企业以后的改革中去。"

"哦，看来你也是肩负着企业的改革重任啊。你刚才说你在背单词，正好，我也是英语培训方面的老师，这是我的名片，如果有什么我能帮上忙的，一定效力。"

就这样，李江和这个女孩建立了联系。

当李江最开始知道这个女孩是在背单词的时候，他并没有急于表现自己，亮出自己是英语培训老师的身份，而是先通过赞美，谈了一下女孩的职业。这不仅满足了女孩的虚荣心，还把说话的主导权暂时交给了对方。事实上，当女孩谈起自己引以为傲的职业时，确实滔滔不绝。这在无形之中默认了眼前的李江已经是自己的朋友了。最后，李江把自己的身份亮明，而且非常符合女孩的心意。因为女孩在背单词，自然对英语学习非常感兴趣，而李江虽然是主动搭讪，但最终以帮助女孩的口吻结束，女孩还要对李江的热情、友好表示感谢。

除了谈对方的得意之事外，有时候也可以通过一些非常主观的说法来表达赞美，比如"很喜欢你的笑容"，这样的赞美既诚挚、恳切，又不是废话。事实上，谁会怀疑自己笑容的魅力呢？即使你搭讪的对象有着非常悲惨的过去，只要他此时没有将其表现在脸上，也不会对你的这句话产生反感。当然，如果是在对方不经意的一笑后，这句赞美会更奏效。

 知心话

有人说："爱笑的人，运气不会太差。"事实上，当把这一句式的主语换成"会赞美的人"时，其结构依然成立。

用谦逊的语言彰显自身的风度

看到这个标题，很多人会有疑问：风度与把话说到人心窝里有什么关系？事实上，如果一个人缺少风度，他的话就很难打动人心。那么，究竟怎样才能彰显一个人的风度呢？谦逊的言语就是非常恰当的实践方式。

曾经有一位世界级的小提琴演奏家，在指导学生的时候从来不说话，而是将学生拉过的曲子再演奏一遍，让学生边听、边体会、边学习。

一次，这位大师又收了一个学生，在拜师仪式上，学生为他演奏了一首短曲。这个学生非常有天赋，把曲子演绎得出神入化。演奏完毕后，大师将小提琴放在自己的肩膀上，沉默了许久却并没有拉响。就在大家满脸疑惑、纷纷议论的时候，大师叹了口气，微笑着说："你们知道吗？他拉得太好了，我没有资格指导他。至少就刚才那首曲子而言，我的琴声对他只会是一种误导。"

大师的一番言论，深深地折服了在场的每一位听众，大家纷纷站了起来，给这位大师报以热烈、持久的掌声。

这便是谦逊的魅力，也是风度使然。那么，在现实生活中，究竟应该如何做才能体现出自己的风度呢？下面便是几种可以现学现用的技巧。

1. 学会欣赏、赞美他人

几乎每一个人身上都有闪光点，而且他们也高兴让别人赞美他们的闪光点。真心地赞美他人，会让对方感受到你的气场和谦逊。事实上，你说出的每一句赞美之言，也都是对自己的褒奖；你说出的每一句刻薄的话，也都是对自己的丑化。

2. 理性地面对荣誉

有个词语叫"得意忘形"，意思是说很多人在他人的赞美或者某些荣誉面前，很容易失去自我。其实，越是在这种情况下，越是检验自己是否具有非凡气度的时候。通常情况下，那些见过大场面的人，不会为小小的荣誉而欣喜若狂。相反，那些心胸狭隘、目光短浅的人，总是容易得意忘形。

3.善于反省

承认自己的不足，非但不会被人轻视，反而能够显示自己的直率和坦诚。那些有勇气承认错误、善于自我反省的人，不仅不会丢面子，还会为自己的风度增色。

4. 包容不同的意见

当你提出意见或者建议的时候，如果无法确定，那么最好表示那只是自己的一家之言。如果是别人提出的意见或建议，即便你不认同，但也应该学会尊重。包容，既是我们这个时代的文化风尚，也是言谈举止的风度体现。

5. 兼顾的他人感受

在与他人沟通交流的时候，不管是对他奉承，还是出于真心，都要兼顾对方的感受。如果有口无心，只会招来他人的反感。

6. 真心实意

谦逊并不是高高在上地给人施舍，而是真心实意地承认自己的不足。如果你嘴上说不如人，动作上或者私下里又表现出相反的意思，只会让人觉得你虚伪。另外，对于有些自尊心强的人，若遇到虚情假意的谦逊，就会对他们的内心造成很大的打击。所以，如果你是在表达谦逊，那么最好做到言行一致、心口一致。

谦逊是一种力量，它彰显的是强者的境界和智者的胸襟。如果一个人懂得用谦逊有礼的言谈彰显自己的风度，那么他就会成为人们心目中的"大师"，他说出来的话自然也会更加有力。

 知心话

谦逊是一种力量，它装饰强者的境界，填充智者的胸襟，当然，它也直通人的心窝。

言语贵在出新　　第二章
CHAPTER TWO

知心姐："你知道在这个世界上，什么力最普遍吗？"

好学君："这个肯定难不倒我，当然是万有引力！"

知心姐："那么，你知道在2016年，什么力最流行吗？"

好学君："这个嘛，我还真……什么力啊？"

知心姐："这个都不知道，还敢自称傅慧园的粉丝啊！"

好学君："哦，我知道了，你说的是'洪荒之力'吧！不过，谁告诉你这是傅慧园说的，人家分明叫傅园慧。"

知心姐："这个我当然知道了，既然是提示，就不能太精确，顺便也考考你，看你是不是人家的真粉丝。"

　　2016年8月8日，在里约奥运女子100米仰泳半决赛中，中国选手傅园慧一句"我已经用了洪荒之力"的言语并配上搞怪的表情，让她迅速赢得中国观众的好感，也强势俘获亿万网友的心，成为奥运健儿里面当仁不让的"超级明星""偶像级网红"。这就是巧言妙语的实际价值。

谁掌握了措辞规律，谁就可以成为巧言高手

在日本电影《快乐飞行》中有这样一个场景：

由绫濑遥扮演的空姐第一次出航，在分配供餐的时候出现了尴尬的一幕：乘客大多数都选择了优质的牛肉，结果导致剩下了太多的鱼肉。就在这位新人空姐的首航考核面临危机的紧要关头时，那些前辈们给她支了一招："依然像往常一样分配食物，只是在表达的时候说'机内供应用优质香草、富含矿物质的天然岩盐和粗制黑胡椒嫩煎而成的白身鱼以及普通牛肉。"结果，乘客们大多数都主动选择了鱼肉，而且感觉鱼肉确实比牛肉好吃。

很多人会认为这是电影，存在着很大的表演成分。这样说固然不错，但商业上通过改变措辞而赢利的人和事非常多。

曾经有一家专门给汽车厂家供应导航系统的公司，面对着一个两难的问题：针对厂家要求的在去年降价3%的基础上，今年再降价5%的苛刻条件，如果答应了，那么公司的利润就没有办法保障，如果不答应，就有可能失去这个长期合作的大型采购商。公司总经理认为，如果想继续合作并赢利，就必须主动采取一些措施。最后，他想出了一个关于高价商品的方案。他对厂家负责人说："让我们制造高价的高规格型号产品，怎么样？"

然而，让这位总经理失望的是，对方负责人否决了这个方案。但这位总经理没有气馁，而且他坚信自己的想法是好的，可以付诸实施。后来，在一次聚餐的时候，这位总经理听朋友讲了一个关于日本著名推理小说家松本清张的代表作《球形的荒野》刚进入中国时受冷落，后来通过把名字改成《一个背叛日本的日本人》而畅销的故事，他瞬间得到启发。

第二天，这位总经理再次找到了汽车厂家的负责人，他说："让我们来为贵公司生产你们的旗舰版导航仪吧。"听到这里，对方负责人兴奋地说："太好了，我们早就等着你提出这个方案呢。"事实上，这位总经理所说的旗舰型产品就是上次方案里提到的造价更高的高规格型号产品。

不管是《快乐飞行》中空姐供餐的故事，还是上文中总经理"修改"方案的故事，都没有从根本上改变他们原有的意思。但是，结果已经充分证明，这种修改措辞的做法的确很有效果，因为它们迎合了人们的心理。其实，这样的措辞并非随机的，而是有规律可循的。下面我们结合上文中的两个案例，来探讨下能够讲到对方心窝的措辞究竟有着怎样的规律。

首先，新人空姐的真实目的是想让乘客多吃鱼，少吃牛肉，但是她并没有把自己的这一想法用语言表达出来。同理，第二个案例中的总经理的真实

目的是给对方生产一种价格更高、盈利空间也更大的产品。他第一次把自己的想法直接表达出来了，结果碰壁了。第二次，他把自己的真实想法隐藏了起来，结果成功了。所以说，要想成为巧言高手，需要谨记的第一条措辞规律就是"明确自己的想法，但不直接表达出来"。

当然，既然是沟通，要交谈，肯定要开口说话，但是也不能漫无目的地说。为了让自己的措辞达到预期的效果，你需要明白对方的心理，知道他的想法。比如空姐知道，乘客之所以喜欢牛肉，是因为大家都知道牛肉是优质的，营养价值更高。以此类推，如果让他们意识到鱼的价值更高，那么他们就会主动选择鱼。所以说，要想成为巧言高手，需要谨记的第二条措辞规律就是"结合具体的情境，揣摩对方的想法"。

揣摩完对方的心理，知道了他们的想法，接下来就可以直接说了吗？不，你还要知道对方的需求。对于乘客而言，他们的需求是营养、健康；对于汽车生产商而言，他们的需求是拥有自主品牌的旗舰产品。知道了对方的需求之后，措辞就可以围绕这一需求展开，而上面两个故事中的主人公所说的话正是这一结果的翻版。所以，要想成为巧言高手，需要谨记的第三条措辞规律就是"分析对方的需求，说出符合对方需求的措辞"。

 知心话

语言是由一个个文字组成的，但意思却是由文字的搭配决定的。文字搭配对了，就是好措辞；文字搭配错了，就难以被人接受。

谁会创造金句，谁就可以做妙语达人

说到金句，人们很自然地会想到名言。没错，名人名言、智者箴言都属于金句，但是我们这里所说的"金句"并不是直接照搬他人的言论，而是自己创造出来的富含灵性，也更加符合当时情境的句子。事实上，很多人之所以能够说出被人们谨记、传诵的名言，就是因为遵循了这样的规律。比如2016年8月8日，在里约奥运女子100米仰泳半决赛中，中国选手傅园慧晋级决赛，她接受采访时说"我已经用了洪荒之力"并配上搞怪的表情，结果这句话以及她搞怪的表情迅速走红网络。而且，傅园慧也因为这样的金句、表情，成为奥运赛场上当仁不让的顶尖热门明星之一。2016年12月14日，"洪荒之力"更是入选《咬文嚼字》公布的"2016年十大流行语"。如今，人们提起傅园慧的时候，除了承认她的搞怪天赋之外，也不得不承认她的确是一个妙语达人。

创造金句固然需要一定的技巧，但是它也和措辞一样，是有规律可循的。以"洪荒之力"为例，洪荒原本并不是一种力，而是指天地间混沌蒙昧

的状态。2015年，仙侠玄幻剧《花千骨》中的"洪荒之力"是指最强神力，而花千骨的经典台词"我已控制不住体内的洪荒之力"也开始在网上热传。"洪荒"与"力"原本是不相干的两种东西，但是合在一起却可以创造出另外一种更加吸引人的意思，这便是"洪荒之力"能够迅速在网上蹿红的原因。所以，想要成为妙语达人，需要谨记的第一个创造金句的技巧便是"概念整合"。

概念整合的例子非常多，比如2010年开始兴起的网络流行语——给力。谁都知道，"力"是不能给的，而且"给力"的意思完全超出了它字面上的意思。把动词"给"与名词"力"结合，形成了一个具有形容词特性的新词，这就是概念整合的魅力，也是创造金句的技巧。类似的概念整合还有"秀恩爱""草食男""灵感不是曹操，说到就到"。在与人沟通交流的时候，如果可以多创造一些这样的金句，不仅时髦、幽默，还更走心。

每年春晚结束，都会有金句成为当年的流行语。比如2016年由冯巩主演的《快乐老爸》里面的"明明可以靠脸吃饭，偏偏靠才华"以及2014年由曹金云表演的相声《说你什么好》里面的"我每天上班的心情比上坟还沉重"。2009年春晚小品《不差钱》里面小沈阳说："人一辈子多短暂啊，跟睡觉是一样一样的：眼睛一闭一睁，一天过去了；眼睛一闭不睁，这辈子过去了。"这句金句也非常有意义。如果我们仔细分析这些金句会发现一个共同的特点，就是句子里面都有意思相对的词汇。比如"脸"和"才华"相对，"上班"和"上坟"相对，"一闭一睁"和"一闭不睁"相对。这种通过意思上的对比而创造金句的技巧我们可以称之为"反差法"。所以，想要做妙语达人，需要谨记的第二个创造金句的技巧就是"善用反差法造句"。

在电视剧《花样男子》里有这样一句台词："我喜欢你，迷恋到连自己都觉得莫名其妙。"这句话是道明寺司说给他喜欢的牧野杉菜的。其实，这句话的意思很简单，可以直译为"我喜欢你，迷恋你"。但是，道明寺司又发自内心地加入了自己的情感——"连自己都觉得莫名其妙"。很显然，这种表达爱意的话语如果说得简单了，就没有新意，很难俘获女主的心。相反，道明寺司把自己的情感用一种赤裸裸的方式进行了延伸，从而达到了意想不到的效果。事实上，他不仅俘获了牧野杉菜的心，也俘获了全世界书迷、影迷们的心。

这种创造金句的技巧或许很多人不知道，但是在现实生活中运用的人肯定不少，比如我们熟悉的"心情超爽""好吃到爆"等。很显然，与"心情爽"相比，"心情超爽"更能入味；与"好吃"相比，"好吃到爆"更能打动人心。这类金句一般都是用于表达感情，重点就在于用一种赤裸裸的办法把你不好意思的、难为情的、容易脸红的修饰语大胆地表达出来。如果你与对方只是敷衍式的搭讪，这种方法完全没必要用，但是如果你想把话说到女朋友、妻子、客户等人的心窝里，那么采用这种创造金句的办法就再好不过了。所以，要想做妙语达人，需要谨记的第三个创造金句的技巧就是"善用赤裸的修饰语抒情"。

 金句虽短，但往往可以达到"四两拨千斤"之效。

一句话能成事，一句话也能坏事

郭冬临、牛莉曾演过一个名为《一句话的事儿》的小品，里面有句经典台词：一句话的事儿，一句话能成事，一句话能坏事……在现实生活中，因为一句话坏事、成事的例子有很多。

刘莹和陈媛是同班同学。有一天，她们聊天的时候，无意间说到了刘莹不小心把父亲一个心爱的茶壶打碎的事情。陈媛很好奇，便问道："你爸爸一定很生气吧？"

不料，刘莹却说："没有啊，爸爸没有生气。"

"哦！你是怎么向你老爸坦白的？"

"我就说：'老爸，我帮你泡了几年的茶了，一直都很小心，今天不知道怎么回事，一不留神就把茶壶给打破了。'我爸听到茶壶破了，先是一怔，然后故作镇定地笑着说：'破了就破了，反正东西总有破的时候，改天买个新的就是了。'"

没过几天，陈媛也不小心把爸爸的一个古董茶壶摔坏了。她想起来前几天和刘莹的谈话，便依葫芦画瓢向爸爸解释，但最后，她还是被爸爸痛斥了一顿。原来，她是把刘莹的话给换了顺序说出来了。

陈媛先是战战兢兢地向爸爸通报说："爸，我把你的古董茶壶给摔坏了。"

听到这里，陈媛老爸的脸色瞬间大变："什么，你把古董茶壶给摔坏了，你知道那个茶壶值多少钱吗？"

陈媛解释道："爸，我也不知道今天是怎么搞的……"

"粗心就粗心，还不知道怎么搞的……"

陈媛一肚子委屈，哭着辩解："可是，我给你泡了这么多年茶……"

陈媛老爸丝毫不在乎陈媛的啼哭，更是大吼着："泡茶和你把茶壶摔坏有什么关系，你这分明就是狡辩。"

同样的角色，同样的情境，却上演了两个完全不同版本的故事。其实，归根结底还是会不会说话的问题。有时候，一句话里面用错了词，就会坏事；有时候，话说出来的顺序不对，就有可能会坏事。所以，能不能把话说到对方的心窝里，关键还要看能否在关键的时候把关键的话说到位。

李冰是一个正在上初二的学生，前几天的数学模拟成绩刚出来，他才考了61分。回家后该怎么给老爸交代呢？他正在琢磨着。如果直接开门见山地说："爸，这次数学我考了61分。"这样肯定不行，因为依李冰对老爸脾气的了解，老爸肯定二话不说就把巴掌落在自己脸上了。最后，他决定拐个弯告诉爸爸自己的数学成绩。

回到家后，李冰见老爸正在看报纸，便走过去说："爸，这次的数学考试好难啊，连数学成绩一向总是考第一的吴强这次才考了69分。"

"哦，那你考了多少分？"老爸放下报纸，看着李冰问道。

"刚刚及格，61分。"

结果，老爸笑呵呵地夸道："不错嘛，才比第一名少了8分。"

其实，李冰没有说出的实情是：这次吴强没发挥好，班级第一名换人了。不管怎么说，李冰巧妙地用一句话让自己既没有明着对父亲撒谎，也赢得了老爸的赞美。

不管是"把茶壶摔破了"，还是"数学考了61分"，其实都是可以用一两句话就能让对方接受的事情。不过，在具体说的时候，需要把握好一个原则：先说次要的，再说主要的。比如，相对于茶壶摔破了，帮老爸泡了好几年茶这件事就是次要的；与数学考了61分相比，其他同学的成绩就是次要的。之所以采用这样的次序，主要是为了降低主要事件对听者的冲击。

因此，在说话的时候，涉及一些相对敏感的结果，最好不要单刀直入，而是先设定底线，让对方知道糟也糟不到哪里去。你也可以通过对比，让原本比较突兀的结果听起来不显得那么刺耳。

知心话

一句话能成事，一句话也能坏事；一句话能成就一个和谐的谈话氛围，一句话也能够令自己陷入尴尬。所以，要么少说，要么巧说。

一字之差，天壤之别

《福布斯》杂志上曾登过一篇名为《良好人际关系的一剂药方》的文章，其中有几点非常值得我们借鉴：

语言中最重要的5个字是"我以你为荣！"；

语言中最重要的4个字是"您怎么看？"；

语言中最重要的3个字是"麻烦您"；

语言中最重要的2个字是"谢谢"；

语言中最重要的1个字是"你"；

语言中最次要的1个字是"我"。

语言中最重要的几个字，想必大家都很容易理解，那么，为什么语言中最次要的字是"我"呢？

有人做过相关调查，发现人们在每天的说话中，"我"字用得最多。你说

得多，别人也听得多，就算你说"我"没有他意，人们也会厌烦。事实上，很多人说"我"的时候，并非没有他意。大多数人都喜欢在众人面前表现自己的才华，发表自己的观点，所以说话的时候难免会以"我"开头。日积月累，人们自然就会养成自负、以自我为中心、多度标榜自我等习惯。这类人恨不得所有的行星都围绕他转，恨不得地球上所有的人都听他说。他们只关心自己的感受，不顾及周边人的情感；他们强烈渴望得到他人的尊重，却不懂得尊重他人。总之，"我"字连篇的人自我意识太过浓厚，或者说有点太"个人主义"了。所以，每当两个人在交流的时候，听到对方讲"我"，都会很自然地将其与这些负面印象联系在一起。

虽然从某个角度讲，谈话过程中喜欢聊自己是人的天性之一，但如果你是抱着一定的目的，比如想把话说到对方的心窝里，那么你就必须掌握一些措辞技巧，比如把"我"变成"我们"。

张灵是一家房地产公司的行政助理，受公司委托在一家饭店组织年终酒会。张灵知道，酒会涉及的事务很多，自己一个人肯定搞不好，便向领导申请从本部门再调派几个人。领导同意了张灵的请求，但是有一个条件：鉴于年终业务繁忙，最好找一些刚加入公司的新人，一方面可以锻炼一下，另一方面也可以加深彼此的感情。张灵首先找到的是半年前加入公司的李华芳，因为两个人平时的交流不多，想趁机联络一下感情。

找到李华芳后，张灵的第一句话就是"我正在组织一个年终酒会，你也来吧？"让张灵没想到的是，李华芳竟然以自己有其他工作为由，没答应。这让张灵很挫败，有一种出师不利的感觉。她本来打算直接找经理去告状，但转念一想，感觉自己如果连这点小事都解决不了，以后还怎么做事。她先是平复了一下心情，然后又把自己刚才的话回忆了一遍，想知道问题是不是出在自己身上，因为男朋友曾经给她提过这方面的醒。就在那一瞬间，张灵像是顿悟了一般，快速追上还没有走远的李华芳，然后用一种非常渴望的眼神看着对方，并真诚地说："公司打算在一家饭店举办一个年会，我们一起策划吧。我相信，有你参与，我们会做得更好。"

犹豫了片刻，李华芳说："那好吧，我把其他工作先放一放。"

用同样的方法，张灵很快就把另外两个不太熟悉的新员工招入自己的"麾下"。

其实，张灵并没有用什么特别的技巧，而且她前后两句话的意思也没有本质的区别，那么为什么会得到两种完全不同的效果呢？很显然，她第一句话的主语是"我"，而第二句话的主语是"我们"，这就是问题的关键。"我"与"我们"，一字之差，结果却天壤之别。那么，为什么会产生如此差别呢？我们可以从团队化意识和自己人效应这两个方面来分析原因。

所谓团队化意识，就是激发对方身上那种"喜欢和别人一起做某事"的本能。事实上，这种本能很常见，比如女生被问到"一起去逛街吧"或者男生被问到"一起去抽根烟吧"，如果没有其他更重要的事情，被问的人都会欣然同行。所以，当一个人说"我们"的时候，其实就是在激发对方身上的团队化意识。而"我"非但无法激发对方的团队化意识，甚至还会产生相反的效果。

所谓"自己人"，是指对方把你与他归于同一类型的人，而"自己人

效应"是指对"自己人"所说的话更信赖、更容易接受。战国时期触龙游说赵太后之所以能够成功，就是因为运用了"自己人"效应。虽然鉴于君臣礼仪，触龙没有明确使用"我们"这类词汇，但是他的意思很明确，就是通过对比自己与赵太后的处境，让她意识到：我们是一样的，我们是一国的，我们的利益是一致的。所以，虽然说"我"并非完全的禁忌，但你的最终目的还是要让对方产生"我们"的观念。

如何扮演"最上道"的朋友，有一个最高原则：尽量别让自己说出"我"字。不可否认，这个最高原则表面上是最简单的原则，但其实是最难的原则之一。简单是因为，当人们在讲"我"的时候，只需要在后面添加一个字，构成"我们"即可；难的是，人们业已养成的思维和说话习惯很难纠正。此时该如何避免过度说"我"呢？那就是当你每次忍不住想说"我"的时候，都改成"你"字或者"他"字。

 知心话

"我"与"我们"虽然只是一字之差，但在传情达意方面却差之千里。所以，该用"我们"拉关系的时候，就不要用"我"制造尴尬。

会打圆场，帮你赢得他人心

俗话说："金无足赤，人无完人。"不管是在日常工作中，还是在社交生活中，没有人能够十全十美地处理所有事情，更没有人可以未卜先知地预测即将发生的所有事情。各种各样的尴尬、失误等就像毫无预兆的阵雨，随时有可能降临在我们头上。此时，如果没有应变的技巧，只能任凭"雨水"在自己身上拍打，直至成为"落汤鸡"。相反，如果可以说几句巧妙的圆场话，就有可能化腐朽为神奇，让尴尬变幽默，让失误变创意。

曾经有个理发师，新招了一个徒弟。徒弟跟着师傅学习三个月后，开始正式上岗。当徒弟给第一位顾客理完发后，对方照了照镜子后说："头发好像还是有点长。"徒弟很尴尬，站在旁边不语。这时，师傅走到顾客旁边解释说："头发长才会显得你有内涵，也更有艺术范儿，非常符合你的身份。"顾客听罢，高高兴兴地离开了。

第二天，徒弟又给一位顾客理发，这位顾客理完发后也照了照镜子，然

后埋怨说："头发似乎留得太短了。"徒弟依旧很尴尬，转身盯着师傅，看他有什么解决办法。只见师傅不慌不忙地对顾客说："头发短，人看起来才会更精神，也会让人感觉更亲切。"和上一位顾客一样，这位顾客一开始也是不满意，但离开的时候脸上笑盈盈的。

吸取了前两天的教训，徒弟第三天在给另一位顾客理发时，特意按照顾客的要求，理得不长也不短。本以为这次不会再受到顾客的指责了，但是没想到顾客在结账的时候，嘴里嘟囔着："理个发浪费了我这么长时间！"徒弟脸色泛红，不知道该说什么，只见师傅马上解释说："给'首脑'理发怎么能叫浪费时间呢？您没听说过'进门苍头秀士，出门白面书生'吗？"两个反问把顾客一下子逗乐了，临走的时候还拍了拍徒弟的肩膀，说下次还来。

第四天，徒弟在给自己的第四位顾客理发的时候，在保证质量的同时，尽量压缩了时间。本以为这次会被赞赏，结果，顾客还是有埋怨："怎么这么快就理完了？"徒弟顿时无语，倒是师傅的反应快，马上笑着回答说："如今这社会，时间就是金钱，'顶上功夫'就要速战速决，为您赢得了时间，何乐而不为呢？"顾客听完后，仰头大笑，竖起大拇指赞叹师傅"说得好"。

故事中的徒弟虽然掌握了理发的技巧，但是依然很难让顾客满意。这里面不排除徒弟水平的问题，但肯定存在着顾客心理上的问题。师傅是一个能说会道的人，他知道就算自己理发理得再好，顾客想挑毛病也总是能够挑出来的，所以经过日积月累，也学会了打圆场。生活中的任何事情都有两面性，对错、利弊都是相对的。只有认识到这一点，才可以辩证地去看待生活中的很多问题，而这也是故事中的师傅打圆场时所用的技巧。

其实说些打圆场的话并不难，只要换个角度，把能够迎合对方心窝的话用简洁、幽默的方式表达出来即可。在打圆场方面，著名主持人吴宗宪可谓名副其实的高手，很值得我们学习。

综艺主持人吴宗宪曾经主持过一档名为《男神女神》的户外真人秀节目，其中一期节目里有四位女选手秀了一段舞蹈，可能因为紧张，中间出现了几个小失误。

看到姑娘们因为刚才的失误而局促不安的样子，吴宗宪马上打圆场："虽然你们刚才出现了一些小失误，但是没有任何关系，要知道，就是刚才失误的那几个动作，才让你们看起来更真实、更可爱。卓别林不是也说过这样一句话吗，'全世界最精彩的演出，就是出错的那一次'。"

听吴宗宪这么一说，刚才还局促不安的几个姑娘立马开怀大笑起来。

表演过程中出现失误，让姑娘们很不安，吴宗宪很巧妙地借用卓别林的名言为她们解了围。如此贴心、体谅的话语，怎么会戳不中姑娘们的心窝呢？

当然，圆场的话并非只能通过名言来实现，故意曲解、转移话题、幽默自嘲等都是圆场的方法。不过，与后面的这些方法相比，借用名言更能说到对方的心窝里，也能更好地达到圆场的效果。

 知心话 好话谁都爱听，所以在圆场的时候，通常很管用。

永远不要忽视标语的魔力

20世纪60年代至70年代初，美国组织实施的载人登月工程堪称世界航天史上具有划时代意义的一项成就。最初，有关这项工程的概述是："利用我们技术的创新能力，修建一座通向人类未来的桥梁。"不过，美国当时的总统肯尼迪在面对媒体时，却机智地将这句话改为："十年之内，把人类送上月球！"

与前者的平淡无奇相比，肯尼迪的话言简意赅，更具有煽动性。事实上，当"十年之内，把人类送上月球"这句话从肯尼迪嘴里说出来的那一刻，便产生了非常大的轰动效应：科学家很激动，因为他们可以创造历史；美国人民也很激动，因为可以亲眼见证历史。为了实现这一目标，全美国的力量都被动员了起来。事后，有研究机构对肯尼迪的话进行了评估，并得出了一个非常有震撼力的结论：这句标语有可能让美国的登月计划提前10~15年。这便是标语的魔力。

现如今，很多政治家在竞选公职时，都会有一句旗帜鲜明的标语。比如，2008年，奥巴马的竞选标语是"变革"；2016年，唐纳德·特朗普的竞选标语是"让美国再次伟大"。《纽约时报》已故的专栏作家萨菲尔认为，一句好的竞选标语不但要押韵，而且要富有节奏感，更重要的是能拨动民众的心弦，道出他们的心声。奥巴马是这样做的，特朗普也是这样做的。

标语因其简洁明了的特征，成为很多人宣传理念、标榜个性、修身立志的首选。比如鲁迅在三味书屋读书时，因为迟到被老师批评，便在书桌上刻了一个"早"字。虽然只是一个字，但它也是鲁迅心目中鞭策自己不再迟到的标语。这种单个字的标语在历史上也有，比如明朝的徐九思曾经在大堂上画了一棵菜，上面题了一行字："民不可有此色，士不可无此味。"他去世后，百姓把他画的菜刻在石头上，并写下"勤""俭""忍"三个字，后世称之为"徐公三字经"。

对于很多名人而言，标语式言语有着很强的社会意义，在这方面，改革开放的总设计师邓小平堪称典范。1992年，已经88岁的邓小平在南方之行后，他说出的"不管黑猫白猫，捉到老鼠就是好猫"这句话成为年度最热门的话语之一。不仅如此，在2001年APEC首脑峰会上，马来西亚总理马哈蒂尔甚至用这句话作为开场白。这句话之所以会产生如此深远的影响，就在于它以标语式的风格，破除了很多质疑之声，为改革开放的深入发展奠定了总的基调。

有人说邓小平是"短、平、快"的语言大师，因为他很擅长用短短几个字、几句话就把事情的本质和特点说得清清楚楚。除了"猫论"之外，他曾经说的"贫穷不是社会主义""科学技术是第一生产力"等标语式言语，如今依然震慑人心。

标语之所以能够产生如此广泛的影响，主要在于它的激励性风格对人们的思维有一定的感性作用。有时候，标语也会像一个无声的管理者一样，

规范人们的行为。如果少了标语的存在，人们会盲目地去做一些不该做的事情。这就是标语存在的价值，既无声无息，又无处不在。

其实，不光名人的话有着广泛的影响，即便是一些普普通通的话语，只要用对了地方，也会产生积极的作用。比如"好好学习，天天向上"，再比如"小草青青，请勿践踏"。他们虽然频繁地在我们眼前出现，但只要听到或者看到这些标语，人们的内心还是会有很大的触动，在心理或行为上都会倾向于按照标语来行事。

有些标语像旗子，比如"时间就是金钱""知识就是力量"这类标语会引领人们走向正确的方向；有些标语像锤子，比如"王侯将相，宁有种乎？"这类标语振聋发聩，对落后的、不好的观念具有极大的摧毁力；有些标语像钉子，比如"车到山前必有路，有路就有丰田车"这类标语通俗易懂、气势逼人，让人们过目难忘；有些标语像种子，比如"冲出亚洲，走向世界"这类标语有满满的正能量，就像撒在无数运动员心中的种子，激励他们不断挑战自我。不同的标语有不同的内涵，但标语并非名人的专利，事实上，每一个人都可以拥有标榜自己的标语。这些标语可以用来自我激励，也可以用来说服、安慰他人。

标语既不是华而不实的九环刀，也不是剑走偏锋的鸳鸯钺，它是从不虚发的小李飞刀，锋锐不花哨，简单而直入人心。

 知心话

以前说"知识就是力量"，后来说"时间就是金钱"，事实证明，一句好的标语，既有知识般的力量，也可以为个人与社会创造大笔的财富。

读懂微反应，才能把话说进他人心里去

第三章
CHAPTER THREE

> 好学君："知心姐姐，昨天又有人说我不会说话了！"

> 知心姐："哦，你的嘴巴又闯什么祸了？"

> 好学君："这次不是嘴巴，而是眼睛。"

> 知心姐："眼睛和不会说话有什么关联呢？"

> 好学君："因为我把一哥们女朋友的年龄多猜了整整10岁。"

> 知心姐："唉！告诉你多少次了，逢人减岁，你怎么就记不住呢？"

> 好学君："可是，我减过了啊！"

　　说话不仅是口才的事情，它还时时刻刻考验着说话者的"耳力""眼力"。如果不善于倾听，不懂得观察，说出来的话非但进不去他人的心窝，反而会点燃对方的肝火。这，就是慧眼观色、侧耳察言的必要性。

别把身体语言不当语言

要想把话说到对方的心窝里，就需要知道对方的心理，了解对方的情绪，或者如果对方是陌生人，那么你要先了解对方的身份。获取这方面的信息主要靠沟通交流，但是在有些情况下，当沟通交流不方便的时候，观察对方的身体动作，也不失为一种重要的、可靠的方法。

"身体语言"一词在美国相当流行，翻译成汉语有多种意思，比如"无声语言""人体语言"等。所谓解读身体语言，就是通过观察沟通对象在不经意间流露出的各种目光、动作以及体态来分析其所暗示的真实意图。通过对方的身体语言可以比较准确地判断对方心里在想什么，同时还可以利用对方体态动作所暗含的语言进行含蓄的交流，从而避免用有声语言直接交流所带来的尴尬。

李彤在婚恋网上认识了一个女生，两人已经交往了一段时间，但只停留在吃饭、聊天的阶段，关系并没有实质性的进展。有好几次，李彤都打算向女孩表白，但是总害怕对方拒绝，所以也就一直没有开口。一次在和同事聊天的时候，一个经验丰富的哥们给他出了一招：可以进入对方的"私人空间"试探一下，比如拉对方的手，看她怎么反应。如果对方缩回去了，就说明你们的火候还不够；如果对方没有缩回去，而是任凭你握着，就说明你可以表白了。

第二天晚上，李彤把女孩约出来看电影。电影看到一半的时候，李彤见女孩的手正放在座椅的扶手上，便悄悄把自己的手盖在上面，然后紧紧握住。让李彤惊喜的是，对方没有任何挣扎。电影结束后，两人到一个公园里散步，看到四周无人，李彤再次把对方的手拉住，并深情地说了句："我爱上你了，做我的女朋友吧？"

"终于等到你这句话了。"女孩高兴地说。

很显然，即便女孩喜欢李彤，也不能赤裸裸地表白。同样，如果没有事前的试探，李彤向对方表白的勇气固然可嘉，但显然有点盲目。不过，先通过身体语言"交流"，再用有声语言表白，胜算就会更大。事实证明，身体语言确实承载着人们内心的真实想法，也是人与人沟通交流中比较含蓄的语言。

为什么通过观察他人的身体语言就可以揣摩出对方内心的想法呢？比如"手舞足蹈"这个成语，主要表现人们高兴的样子。这就说明，人的情绪变化和身体动作是息息相关的。再比如，当你想知道一个人是发自内心的笑还是假笑的时候，只要看他笑的时候的体态就可以判断。我们都知道，笑主要体现在脸上，那么判断对方是真笑还是假笑，只要看脸部动作就可以了吗？

事实恰恰相反，想要知道对方笑的含义，需要观察脸部以外的部位。要知道，一个人发自内心地笑，应该是从头到脚、从里到外、全身上下都在笑。试想一下，如果一个人对着你笑，但他的眼睛却不直视你，或者他的手脚僵硬，你会认为对方的笑是认真的吗？

在生活中，人们运用身体语言来表达情感的实例非常多，比如：

动作	意义	动作	意义
摆手	制止或否定	搓手、拽衣领	紧张
双手外推	拒绝	拍头	自责
双手外摊	无可奈何	耸肩	不以为然或无可奈何
双臂外展	阻拦	双手举过头顶	暴怒
搔头或搔颈	困惑	双手往上伸直	激动
双手枕在头下	舒展	耸肩、双手外摊	不感兴趣
一只手托着下巴	疑惑	颔首、双手放在胸前	害羞

身体语言在日常的沟通交流中会扮演着至关重要的角色，它不仅有助于人们洞悉他人的想法，还有助于人们识破他人的骗局、谎言。重要的是，如果你是领导，身体语言有助于你果断决策；如果你是销售员，身体语言有助于你捕捉客户的所思所想，并赢得他们的认可；如果你是正在追求理想情人的青年，那么身体语言可以帮你表白，提高追求的成功率。

有些身体语言是大家约定俗成的习惯性动作，比如点头、摇头等；有些身体语言本身就代表着专业知识，比如哑语、不同民族文化的礼仪等。拥有了这方面的知识，就可以了解他人的内心世界，了解他们的真实意图，防止沟通交流的被动；同时，你还可以有意识地规范自己的身体语言，避免不良身体语言给对方造成误会或者中伤。

知心话

　　把话说到人心窝里，不仅需要一张巧嘴，更需要一双慧眼。有嘴无眼就很难"慧"，有眼无嘴也很难"巧"。所以说，嘴和眼虽然分工不同，但也需要密切合作。

他的眼睛会说话

　　我们都听过"眼睛是心灵的窗户"这句话，其实它是达·芬奇从人物画的角度来说的。不过，另外一位中国思想家则在两千年前就从人性善恶的角度对眼睛的这一"功能"有过精彩的论述。在《孟子·离娄上》中，孟子说："存乎人者，莫良于眸子。眸子不能掩其恶。胸中正，则眸子瞭焉；胸中不正，则眸子眊焉。听其言也，观其眸子，人焉廋哉？"由此，眼睛对于人们审视对方心灵的作用可见一斑。那么，眼睛为什么会有如此重大的作用呢？

　　专家普遍认为，眼睛是从石器时代就有的至今最复杂，同时也是最灵敏的"摄像机"。说它复杂是因为眼球后方感光灵敏的角膜里含有1.37亿个细胞，而这些细胞主要负责将收到的信息传送给大脑；说它灵敏是因为这些感光细胞在任何时间均能处理150万个信息。也就是说，在一眨眼的工夫，眼神也可以发射出成千上万条信息，比如表达丰富的情感、泄漏心底的秘密等。所以，眼皮的闭合，眼珠的转动，视线转移的方向和速度，眼睛与头部动作的配合等，都会产生奇妙的"目光语言"。如果"听"不懂这种语言，就会失去对方传递的很多信息，自然也就影响了你与对方的正常交流。

王芳是一家IT公司的销售主管，最近正在和一家电脑组装生产商就一项业务展开谈判。对手很强势，并且一再要求王芳把整体价格降低7%，还说如果不降价就中断合作，再找别的公司。

对方这样说确实震到了王芳，而她也明白，现在市场如此激烈，谈下来一个单子本来就不容易，如果合作伙伴转投竞争对手，自己公司的损失更加难以想象。现在的问题是，公司出的价格已经很低了，再降价公司就会没有利润，甚至有损失。如果不降价，或许真的会像对方说的那样，中断合作。正当王芳犹豫不决的时候，和她一起参加这次会议的销售副总却站起来板着脸说："降价是不可能了，现在的情况就是，你们签了，咱们合作，你们不签，就算了。"说完，头也不回地摔门而出。

因为事先没有沟通过，王芳也不知道副总会有这样的反应，本想阻止，结果还没来得及张嘴，副总就已经说完出去了。正在思量该如何圆场的时候，对方谈判代表的态度一下子软化了，后来也顺从地在协议上签了字。

因为拿下这个项目，公司还特意组织了一个庆功宴，在饭桌上，王芳特意端着酒杯走到那位副总面前，恭敬地说："赵总，我真是太佩服您的胆量了。"

赵总说："做生意不能没有胆量，但光靠胆量肯定是不行的。"

王芳疑惑地说："如果不是胆量，那您怎么敢在谈判桌上跟对方那样说话？"

副总把手中的酒一饮而尽后笑着说："其实，对方的身体里面藏着我的

'眼线'，是它告诉我，对方会屈服的，所以我就照做了。你可能没发现，在向他们介绍我们的业务时，对方听得很专注，眼睛一眨不眨的，后来报价的时候，对方的瞳孔明显比方才睁得还大。这说明什么问题？说明对方很感兴趣。他们之所以迟迟不愿意签合同，就是想试探一下我们的底线，看还有没有降价的机会。为了将对方的军，我就拿出耍脾气这个撒手锏了。"

王芳听后恍然大悟，没想到一个小小的眼神、瞳孔，都藏有如此大的玄机。案例中的副总正是从对方放大的瞳孔中感受到了对方说"不"时的谎言，进而强势应对，让对手甘拜下风。语言可以经过人的思维加以提炼，而瞳孔是人内心的条件反射，所以遇到这类人时，要相信自己通过观察对方瞳孔获得的直觉，不要被对方的言语欺骗。

除了靠观察瞳孔收集信息外，人们还可以通过观察对方眼睛的注视时间、眼球的位置等揣摩出更多的玄机。

1. 注视时间

有研究发现，在正常交谈的情况下，如果对方与你的目光的接触时间超过全部谈话时间的一半，就可能意味着两种情形：一是对方对你说的话感兴趣，此时他的瞳孔会扩张，眼睛炯炯有神；二是对方对你抱有敌意，在用目光语言向你挑衅，此时他的瞳孔会收缩，目光黯淡。如果属于前一种情况，就说明你的话说到对方心窝里了，可以继续说；如果属于后一种情况，就说明你的言辞冒犯到对方了，此时需要赶紧改变策略或者交谈的主题。

2. 眼球的位置

关于眼球的位置，有研究者发现：通常情况下，一个人在回忆某件事的时候，眼球会自然地向左侧移动；一个人在编造一件事情的时候，眼球会不自觉地向右侧移动。现在很多警察在审问嫌疑人的时候，都会通过观察对方的眼球转动来分析对方是否撒谎了。当然，即便我们不是警察，坐在我们对面的也不是犯人，但这种方法依然可以帮助我们分析对方是否在撒谎。

除此之外，通过观察一个人的眼球转动还可以深层次地洞察对方的心理。比如，交谈中如果对方的眼球不停地左右转动，说明他缺乏自信；如果很自然，说明他很坦荡；如果眼球来来回回地乱转，说明他不怀好意。知道了对方的这些心理，在说话的时候就可以拿捏有度。

　眉目可以传情。另外，我们也可以通过眼睛来揣摩对方的心情。

海水不能斗量，但人可以貌相

很多人都认为心窝话就是说给亲人、朋友的，其实不然，对陌生人也需要说心窝话，比如销售员想把产品卖给顾客，就要说些心窝话。把话说到熟人的心窝里相对容易些，因为你知道对方的性格、情绪，以及最近发生的事情等，所以只要对号入座就可以。但是，在陌生人面前，就没有这方面的优势。那么，如何才能把话说到陌生人的心窝里呢？"以貌取人"就是其中比较可行的方法。

当然，这里的"以貌取人"是从社交意义上说的。所谓貌，主要包括两方面的内容：服装和饰物。如果你初次接触一个人，对其不了解，但又想通过一些心窝话拉近彼此的距离，那么只要看看对方穿的衣服、戴的饰物，就可以对其有一个大致的了解。"以貌取人"并非只是臆测，它也有着较为科学的依据，因为人们选择服饰的爱好、品位等，就恰如其分地反映了对方的性格特征。只要对谈话对象的服饰有一个大体的认识，就可以对对方的性格有一个大体的认识，说话的时候也就可以更加自如。

1. 服装

（1）喜欢单一色调服装的人。这种人普遍正直、性格刚强，而且理性思维胜过感性思维。与这类人交谈的时候，多强调事物的潜在优势或者产品的性价比，这样对方会更乐意接受。

（2）喜欢朴素风格的人。穿这种风格衣服的人，性格多沉稳、为人谦和。他们平时在学习和工作方面都比较务实。这类人也偏向于客观、理智，但过于朴素的行为方式有时候让他们显得缺乏主见，容易屈服于他人。与这类人沟通，除了强调事物的潜在优势及产品的性价比外，也要注意引导对方，比如告诉对方产品的销量、受欢迎的程度等。

（3）喜欢淡色便服的人。这类人性格活泼，也很健谈，喜欢结交朋友。与这类人沟通相对容易些，因为你只要少说多听，并及时给予对方回应即可。

（4）喜欢深色服装的人。这类人一般比较沉默、性格沉稳，所以看起来很有城府。他们做事通常深谋远虑，有时候也会有些让人捉摸不透的意外之举。与这类人说话要注意方式和分寸，并多提一些开放性的问题，一方面可以拉近关系，另一方面也能从对方的嘴里套出有利的信息。

（5）喜欢款式新颖的人。这类人喜欢穿五颜六色的衣服，而且样式古怪、繁杂。他们爱表现自己，虚荣心较强，有时候飞扬跋扈。面对这种人，最好投其所好，并不失时机地对他身上的服装表示赞赏。

（6）喜欢流行服装的人。这类人属于缺乏主见的类型，情绪不太稳定。他们选衣服都是随大流，看什么流行就买什么。与这类人交流需要多引导，但引导时语气要肯定一点，态度上可以稍微强势一些，增强对方对你的信任度。

（7）喜欢穿同一款式的人。这类性格的人多直率、爽朗，而且自信心极强。他们行事果断、爱憎分明，但也容易给人造成一种孤高、自傲的印象。比如曾经万众瞩目的"乔帮主"，每次在召开苹果的新品发布会时，都会穿着自己标志性的灰色毛衣。这类人一般比较强势，所以交谈时最好多顺从对方的意志。当然，这种顺从必须坚持自己的底线，否则对方就会没有底线。

2. 饰物

鉴于饰物的种类繁多，在此就不一一赘述，仅选择其中几个比较有代表性的做重点介绍。

（1）项链的款式。脖子上戴项链的女性往往比什么都不戴的女性更有女人味，项链上有坠子的会比没有的情感更丰富。如果项链坠是鸡心形，说明对方比较多情，但又缺乏主动示爱的勇气。如果有男士追求她，她们也会用双倍的爱来回报。

如果，项链坠是某种抽象物，这类女性往往个性较强，表现欲望也很强烈。与这类人交流，最好多赞美，特别是在她们通过某个动作或表情施展自己的表现欲时，你的一句"你真有个性"都会让她们激动不已。不过，这类人的自我意识很强，对方如果有什么地方没说到位，或者做错了什么事，她们的批评也很犀利，毫不顾及对方的面子。所以，在赞美的同时，也要注意自己的言行，避免陷入不利的局面。

（2）把手表戴在左手腕内侧。如今人们佩戴手表已经从最初的计时需求转变为饰物，而且在佩戴习惯方面也存在着明显的差异。家庭富有或本身独立、有教养的女性，往往将手表戴在左手腕内侧。对于这种人，我们一般很难从表面上看出她们内心的期待，所以初次接触时可以抛出几个能挖掘对方内心需求的问题。等需求挖到位了，接下来的沟通交流就会水到渠成。

（3）把手表戴在右手腕内侧。把手表戴在右手腕是为了方便，这样无论在开车时还是做其他事情都不碍事。当然，这样戴也不排除为了吸引大家的注意。这类人往往性格热情奔放，喜欢冒险，很容易和人打成一片。但有时候也会表现过度，让人觉得有点放浪形骸。与这类人沟通，可以多问一些有关对方冒险的经历，这样你的话或许比较容易进入他的心窝。

（4）不喜欢戴手表的人。这类人性格活泼可爱，向来无拘无束。他们生活上比较随便，做事不太专一，不过与他们在一起，遇到任何困难都不用太愁，因为他们总会有办法让你相信可以渡过难关。与这类人聊天会比较容易一些，不过最好多提些乐观、积极向上的事情。

哲学家认为，很多事物或现象之间以及事物内部要素之间相互连接、相互影响，也就是我们通常说的事物之间存在普遍联系的原理。当然，事物之间有普遍联系的原理，也存在着特殊性。人们的穿衣打扮、佩戴的各种首饰等，在通常情况下都可以反映出一个人的性格特点及当时的心情，这也是我们为什么在说心窝话之前先要"以貌取人"的原因。但是，有时候这种"以貌取人"也会存在偏差。这也在提醒我们，"以貌取人"有其局限性，所以在说话的时候还需要随机应变。

知心话

"以貌取人"是教你识人的一种方法，通过观察对方的衣着，可以让你了解他的品位、性格，然后根据他的个性，说出走进他心窝的话。

到什么山唱什么歌，见什么人说什么话

中国有句老话叫"到什么山唱什么歌"，意思是说，我们做事时要看情形。做事如此，说话又何尝不是呢？说话是针对人的，所以说的时候必须考虑对象；说话难免会涉及某些事，所以说的时候要把握措辞；说话都是在特定的场所发生的，所以说话还必须考虑场合。要想把话说到人的心窝里，不一定要完全满足这三个条件，但是如果未涉及这三个条件，而说话的人又违背了说话的原则，势必会让听者难堪，旁观者尴尬，自己也无地自容。

历史上会讲道理的人有很多，但是能够把话说得滴水不漏，还可以全部流进听者的心窝的人却鲜有，而王熙凤就是这里面的佼佼者。

《红楼梦》里的王熙凤，是贾母的孙媳妇，是贾赦和邢夫人的儿媳妇，与她平辈的有无数叔嫂妯娌、兄弟姐妹和姨娘婢妾，作为贾府的实际施政者，她下面还有几百号管家、奴仆、丫头。在如此复杂的人际关系中周旋，还要管理那么多的杂务，她还能够把贾府上下都打点得井井有条。要知道，当时的王熙凤还只是一个二十几岁的女人。那么，她是如何做到这一点的呢？原因就是她善于察言观色，不管是"唱"还是"说"，她都非常拿手。比如林黛玉母亲去世后，进京投奔外祖母，初登荣国府的那一回，作为王熙凤的初次出场，她把自己的"察言观色""识人说话"的风格可谓发挥到了极致。

黛玉进入贾府，正和贾母等谈论着自己的体弱多病和吃药等事，"一语未了，只听后院中有人笑声，说：'我来迟了，不曾迎接远客！'"没见到人，就能通过言语感受到一股子热情劲儿。

进门之后，王熙凤连忙拉过黛玉的手，仔细地打量了一番，又送至贾母身边坐下，说："天底下竟有这样标致的人物，我今儿算见了！况且这通身的气派，竟不像老祖宗的外孙女儿，竟是个嫡亲孙女儿，怨不得老祖宗天天口头心头一时不忘。只可怜我这妹妹这样命苦，怎么姑妈偏就去世了！"

通过夸赞黛玉的"标致"，顺势就恭维了贾母。然后她借机说出了贾母对黛玉的疼惜之情，自然就会让林黛玉感受到外祖母的爱，也就不会因为身在陌生环境而感到生疏。说完之后，还不忘表达自己对姑妈去世之事的悲痛心情，既让贾母悲中含喜，又让黛玉情动于衷，可谓把话说到了极致。

等到贾母责备她不该说这些伤心话来招她时，她又"忙转悲为喜"，自责"竟忘记了老祖宗，该打，该打！"一番话接得恰到好处，惹得众人都笑了。

不管是对人，还是论事，包括调节现场的氛围，王熙凤可谓聪明之极。与王熙凤相反，现实生活中还有不懂察言观色的人：刚受了儿子的气的主妇在小区里碰到一位孕妇，大谈什么"这年头养孩子没什么好处，翅膀硬了就

飞了"；儿子的女朋友在舅舅的寿宴上对舅妈大谈人寿保险的好处；别人要出国旅行，你给人家讲哪里又发生了空难。客观来讲，这些人的出发点或许是好的，但肯定不会从听者那里得到好处，反而会引起对方的反感。

所以说，不看场合，不分对象，想到什么说什么，绝对是"不会说话"的首要特征。为了使自己更受欢迎，为了把话说到对方的心窝里，就要在说话的时候，分场合，看对象。

分场合

1. 喜庆的场合

喜庆的场合有很多，比如同学会、生日会、婚礼等。身在这种场合，即便其中有你讨厌的人，也不要摆脸色，更不能做局外人，而是要让自己尽量融入活动的愉快气氛里。说话的时候，不但要迎合整体的欢乐气氛，还要使主人和其他参与者开心。如果做到了这一点，你会发现自己也很舒心。在这种场合，最忌讳的就是晦气话、不吉利的话，以及抱怨、牢骚等。

2. 严肃的场合

这类场合主要指座谈会、研讨会、报告会等，气氛相对严肃。在这种场合说话要谨慎，更要严谨，否则会给人庸俗、浅俗的感觉。因此，在说话之前，最好在脑子里多琢磨琢磨，并用谦虚、恳切、清晰的语言表达出来。

3. 伤感的场合

这类场合一般指追悼会、纪念会等，与前两种场合相比，这种场合不多。但是，这种场合却是对说话要求最严格的地方。在这种伤感的场合，既需要控制好自己的情绪，说话不过分渲染悲凉的气氛，又不可全然麻木，丝毫也不悲伤。如果在这种场合打打闹闹、嘻嘻哈哈，除了会招别人反感，还会被人认为缺乏教养，严重者甚至会被逐出现场。

看对象

1. 原则性强的人

这类人喜欢听稳重的话，所以和这类人交流时，要态度恭敬，既不高谈阔论，也不信口雌黄。此时，最好诚实一点，朴实无华或许更受欢迎。你的言语可以简单，但不能跑题，因为这类人对这个非常敏感。所以，你必须把话说到点子上，这样才能切合对方的胃口，从而给人留下好印象。

2. 性情豪放的人

通常这样的人喜欢听直接、爽快的话，所以和这种人交流时，就不能遮遮掩掩、九曲十八弯，而应该直截了当、坦白，否则会让人感觉你讲话不痛快。

3. 学识渊博的人

针对这类人，想把话说到对方的心窝里，可以采用两种方式：凸显你的专业，倾听对方的专长。采用前一种方式的时候，你最好引经据典，并且措辞文雅、观点新颖，这样对方自然会听得入神。要知道，学识渊博的人一般求知欲也很旺盛。采用第二种方法，很简单，就是把自己当成学生，认真"听讲"即可。要知道，学识渊博的人一般也很喜欢向他人传播自己的知识、见解。

4. 地位高的人

要想把话说到地位比自己高的人的心窝里，你就需要知道这类人需要什

么。很显然，这类人爱面子，需要尊重。所以，在和这类人说话的时候，言谈举止要能让对方感受到你的尊重。另外，要多听对方说话，除非必要，否则一般不要插话。不过，你也不能做一个"点头机器"，而是要找准时机表达自己的看法，但不要漫无边际地扯题外话。

5. 地位低的人

地位低的人一般都会比较敏感，所以和这类人说话的时候绝不可表现出轻慢的态度。与这类人交谈，最好不要敷衍，因为这很容易被对方察觉，还容易引起对方的记恨。

6. 有阅历的老年人

与老人交谈，本身就应该谦虚，与有阅历的老人交谈，更要把这种精神落到实处，落在细节上。比如你不能边点头，边东张西望。尽管老年人的有些经验不符合实际，但毕竟见多识广，总有积极的一面供自己借鉴的。

7. 失意之人

在失意人面前不谈得意的事，这是把话说到人心窝里的铁律。要知道，你的得意话只会加重对方的失落感。所以，就算你万事顺心，也要保持低调，不要在失意的朋友面前展现你的"辉煌"。失意的人最需要安慰，而安慰对方最好的方式就是倾听。

 知心话

到什么山唱什么歌，前提是你要会唱；见什么人说什么话，前提是你要知人。

倾听本身就是高明的"心窝话"

前央视主持人柴静曾说过这样一句话："我打破沉默的方法就是忘记自己，去倾听他人心底的沉默。"正因为她懂得倾听的艺术，所以才能静下心来采访不同的人，遇见不同的事，也才有了在《看见》里的那些掏心窝的故事。有时候，心窝话并不用开口，只需要静静地聆听，就能达到比张嘴说更佳的效果。

其实，历史上懂得倾听的人大有人在，比如在美国著名的人际关系学大师戴尔·卡耐基的训练班上，有一个名叫沃尔顿的学员曾经讲过这样一件事：

我在新泽西州靠近大海的纽瓦克市的一家百货商场买了一套西服。可是穿上之后，我发现上衣褪色，而且把我的衬衫领子都弄黑了。失望之余，我将这套衣服带回商场，打算找售货员理论。不过，当我正在告诉售货员衣服的有关情形时，话还没说完就被售货员打断了。

"这种衣服我们已经卖出了好几千套，"这位售货员反驳道，"你还是第

一个来挑毛病的。"

这个售货员满是火药味的话听起来让人难以接受，好像在说："你说谎！你想欺负我们，是不是？那好，我可要给你点颜色看看。"

正当我和这个售货员吵得不可开交的时候，另一个售货员加入进来。他说："所有的黑色衣服起初都会褪色，这是很自然的事。这种衣服就这种价格，当然会那样。那是颜料的关系。"

听完第二位销售员的话，我感觉再也不能忍受了，顿时火冒三丈，说："第一个售货员怀疑我的诚实，而第二个更暗示我买了一件低档货。我当时非常恼火，正想骂他们，这时售货部经理走了过来。显然，这位经理懂得自己职务的重要性，也正是他完全改变了我的态度，使我由一个恼怒的顾客变成了一位满意的买家。"

他首先是静静地听我从头至尾讲了一遍经过，没有插一句话。在我说完之后，那两个售货员又想说他们的意见，但是这位经理站在我的立场反驳了他们。他不仅指出我的领子显然是被西服弄脏的，并且坚持说如果商品不能让顾客满意，他们商店就不应该出售。最后，他承认他不知情，并坦率地对我说："你希望我如何处理这套衣服？你说什么我们都可以努力做到。"

几分钟以前，我还想让他们将那套衣服留给他们自己，但我后来回答说："我只想听听你的意见。我想知道这种情况是暂时的还是毫无解决的办法。"于是，他建议我将这套衣服再穿一个星期，他说："如果到时候你仍不满意的话，我们一定给你换一套满意的。这样给你添麻烦，我们感到非常抱歉。"

我满意地走出了这家商店。一星期后，这套衣服再也没有出什么毛病，我对那家商店的怒火也完全消失了。

那位售货部经理之所以能成为管理层，正是因为他深谙说话的艺术。至于他的两位下属员工，我认为他们应该终身停留在店员的地位。哦，不，他们应该降到包装部去，永远也不要和顾客打交道。

同样的问题，由不同的人来解决会出现截然不同的结果。是什么导致了这样的反差呢？细心的读者会发现，关键问题就在于处理问题的人是否会当听众。会当听众的交谈者，可以从谈话对象那里获得最全的信息，了解问题的症结所在，关键是，让对方倾诉本身就是缓解他们抱怨、愤怒的一种行之有效的办法。一旦他们说完了，脾气也会消减一大半。相反，那些据理力争、针锋相对的人，非但不能在道理上让对方认可，也无法在情感上让对方顺从，最后只会将矛盾激化。

西方有句谚语："倾听是最高的恭维。"这句话可真是高妙，大名鼎鼎的销售大王乔·吉拉德就曾经在这方面吃过亏。

有一次，乔·吉拉德与一位顾客进行了较为顺利的洽谈，下一步就是签约成交了。不过，就在关键时刻，那位顾客突然变卦了。当天晚上，乔·吉拉德按照顾客留下的地址，来到了顾客的家里。顾客看乔·吉拉德如此有诚意，也就开门见山地说："其实我知道你们的汽车的确不错，而且也相信你的为人，但是当我在签约前跟你提到我的儿子准备上大学时，你却没有任何反应。要知道，我是深深地以我的儿子为荣的，所以无法接受你的冷淡。"

顾客的一番话深深地提醒了乔·吉拉德，让他知道，纯粹的口才、质量

和服务并不能让顾客感受到自己就是"上帝"，有时候你的冷淡会让顾客表现出超乎你想象的苛刻。相反，如果你认真地倾听了对方的讲话，并认同对方的心理，那么顾客终究会成为你的"上帝"。基于这样的认识，乔·吉拉德在之后的推销生涯中，慢慢养成了专心倾听他人讲话的习惯。不管和对方有无买卖可做，他都给予对方充分的尊重。结果，这样的习惯给他带来了意想不到的结果，而他最终也成为让世人瞩目的推销大师。

 知心话

伏尔泰说过："耳朵是通往心灵的路。"所以，当你茫然于不知道该如何向对方说心窝话的时候，不妨闭上嘴巴，竖起耳朵，专心倾听对方的话。

言语搭配表情，说话才显真情

言语在人们日常生活、工作中扮演的角色之重要再怎么强调都不为过。当然，言语不只是在传递思想，它也在传递感情，这也是有些人的话之所以能够说到他人心窝的原因。

不过，言语并非传递感情的唯一媒介，因为大多数人在听他人说话的时候，也会关注他的音容笑貌、肢体动作。另外，言语可能会经过大脑的酝酿，掺杂了骗人的成分，但肢体动作通常会在人们无意识的情况下透露其真实想法。如果人们在与他人沟通交流的过程中不注意自己的音容笑貌、肢体动作，就会因为一些细节而得罪他人。所以，要想把话说到他人的心窝里，除了说的内容要中听之外，肢体动作、面部表情等也要相互"配合"。

人们经常说"眼睛是心灵的窗户"，这句话的确不假。实际上，当我们感觉一个人很真诚的时候，往往是通过对方的眼睛感受出来的。只要一个人的眼珠不乱转，并且不回避对方的目光，那么他眼神里散发出来的信息与内心的感情就是一致的，就是真诚的。正是这种眼神，会给人一种"可以亲

近"的暗示，所以即便初次与之对话，也会瞬间产生好感。

美国曾有专家做过相关的研究，发现一个人对另一个人的第一印象，眼睛的影响能够高达将近80%。所以在与他人沟通交流的过程中，一定要注意眼睛的作用。如果你只是与对方随便聊聊，那么眼神的重要性相对来说就不那么重要。如果你是为了安慰、赞美或者说服对方，那眼睛就要看着对方，否则会给人一种胆怯、没自信或者有事隐瞒的感觉。说话的时候，目光总是四处乱飘的人，很难赢得他人的好感，更别提得到他人的尊重和信任了。所以，与人交谈的时候，一定要把目光放在对方的脸上，并伴随着对方的言语适度微笑、点头，这样，对方就知道你是在认真地听他讲话。

当然，用眼睛看对方也不能盯着不放，因为这会给他人造成压迫感，让对方觉得不舒服。通常情况下，当你的目光与对方的目光相遇时，最好不要超过3秒。如果超过了3秒，你可以把目光自然地转移到他的鼻子或者额头方向。有时候，与你交谈的不是一个人，而是一群人时，那么最好的做法就是谁在说话，就把目光移向谁。如果是你在发言，那么最好的做法就是把目光轮流放在每一个人身上。当然，不能跳跃得太快，而是要在上一个人身上停留片刻之后再转向另一个人。

说话的时候，除了注意眼睛之外，还要注意嘴部动作。有些人在与他人说话的时候，习惯于咬嘴唇或者舔嘴唇。这种习惯会让人产生一种你不耐烦或者不好意思的联想。另外，有些人在说话的时候，习惯于嘴角一歪偷笑。或许当事人只是调皮，但在他人眼里或许就是轻蔑或者不怀好意的意思。

除了面部表情之外，说话的时候也要注意自己的手势和姿势。事实上，在与人交谈的时候，手势和姿势特别能体现一个人的素养。比如，如果你在与他人交谈的时候，双手背后或者都插在兜里，就会给人一种傲慢的感觉。此时，即便你嘴上说得再好听，传到对方耳朵里的话都会大打折扣。相反，很多真正会说心窝话的人，特别擅长通过手势加强言语的感染力，让所描述的事情更形象。所以，说话的时候适当增添一些手势，这不仅能增强语言的表现力，还能提升说话者的人格魅力。

大学学商务英语的童江毕业后进了一家外贸公司，从最底层员工做起，用了五年的时间，终于升到了经理的位置。虽然职位不算太高，但得到这个职位对于性格偏内向的童江而言，可经历了不少周折。刚开始工作的时候，童江以为只要把分内之事做好就可以了，谁知道真正开始工作之后，难住他的不是业务能力，而是与新客户打交道的水平。

因为不善于和陌生人交谈，刚开始童江总是让同事帮忙接待新客户，结果同事的业绩越做越火，而童江的业绩却越做越惨淡。最初，童江怀疑自己的能力，甚至怀疑自己不适合这份工作，想换一个工作，但轻易不服输的性格还是让他决定尝试着改变自己。

接下来的一段时间，童江强迫自己与陌生顾客打交道。虽然接触了不少顾客，但谈判的结果却不尽如人意，甚至有两位顾客中途"莫名其妙"地借故离开了。后来，童江特意找了一个关系不错的同事陪同自己一起见顾客，一来为自己壮胆，二来也可以让同事帮忙看看是不是自己在说话方面出了什么问题。结果半天不到，同事就发现了问题。原来童江在和陌生顾客说话的时候，总是习惯性地将双手背在身后，给人的感觉就像是领导在讲话，这样不仅自己会感觉紧张，还会让对方感觉不自在。

找到问题所在之后，童江接下来的努力也有了方向。他白天在同事面前练习肢体动作，晚上回家对着镜子联系，有时候周末了还到图书馆看相关方面的书籍。慢慢地，童江总结出了一些规律，比如在说话前，尽早伸出手，这能表现出想要和对方握手的明确意愿，从而让对方觉得自己谦虚、热情，也可以避免不必要的尴尬。

其实，对肢体语言的了解可以起到一个双向的作用。我们不仅可以矫正自己的肢体习惯从而让他人愉悦，还可以通过观察他人的肢体语言来揣摸对方的心理。事实上，童江就是这样做的。在和顾客的沟通中，如果对方双手不知该放在哪里时，他一般会找个舒适的沙发让顾客坐下，并递上一杯咖啡；如果对方表情平静，双手自然放在身前，他就会继续讲产品；如果对方双手挥舞，面部焦虑，他就会果断收尾，争取让顾客快速签单。

美国心理学家阿尔伯特·麦拉宾通过做实验发现，人们根据谈话内容、言辞含义获得的信息占7%，音量、语调等听觉信息占38%，表情、动作、态度等视觉信息占55%，这便是著名的"麦拉宾法则"，也被称为"7-38-55法则"。非语言信息在双方沟通交流中的作用由此可见一斑。会用言语"达意"，只能说明你口才好，如果能够搭配相应的表情、肢体动作来"传情"，就能真正地证明你会说话。

 知心话

言语从来都不是传情达意的唯一通道，你的表情、肢体动作等，无不在与对方保持"通话状态"。

会找话题，才好说话

作家伯莱特福曾经对罗斯福这样评价："不论对方是牧童还是骑士，或者纽约的政客，罗斯福都知道该和他说什么话题。"那么，罗斯福究竟是如何做到这一点的呢？很简单，就是不管要见什么人，罗斯福总是会在对方到来的前一个晚上稍晚些睡，翻阅一些对方特别感兴趣的话题。和所有领袖人物一样，罗斯福深知接触对方内心思想的妙方就是和对方谈论他最感兴趣的事情。

事实上，与罗斯福一样，很多成功人士都是寻找话题的好手。菲利普先生是一个非常和蔼的人，曾经是耶鲁大学教授，他曾经在一篇讨论人性的散文中介绍过自己在八岁那年去姑妈家过周末发生的事情。

我在姑妈家过周末的那个晚上，正好有位来自纽约的律师也来拜访姑妈。他和姑妈随便聊了几句之后，就把注意力转移到了我身上。之所以如此，是因为我当时对船很感兴趣，而他和我谈论了很多这方面的知识，这也

激发了我特殊的兴趣。他离开时，还当着姑妈的面对我称赞不已。

这位律师离开后，我很纳闷，因为一位律师本来对有关船的事情不应该如此热心的，甚至是根本不会有兴趣的，为什么会对自己谈论船的知识呢？我把自己的疑问抛给了姑妈，结果姑妈说："因为他是一位高尚的人。他见你对船很感兴趣，就谈论这些你关注并感兴趣的话题。通过这种方法，他使自己成了一个受欢迎的人。"

姑妈的这句话一直印在我的脑海中，而且也是指导我日后与人沟通交流的指南。

古罗马著名诗人西拉斯早在公元前100年就说过："我们对别人产生兴趣的时候，恰好是别人对我们产生兴趣的时候。"所以说，与人相处的一条非常重要的原则就是真诚地关心他人，讨论对方感兴趣的话题。

李钊是一家外资银行在北京办事处的职员，一次他受总公司的委托，搜集一份关于某金融公司的一些文件。因为某些利益关系，他无法直接去这家金融公司要，但他知道一家大实业公司的董事长掌握了他所急需的这些材料，而他正好也和这位董事长有过一面之缘。随后，他就去拜访这位董事长。正当李钊被引进董事长的办公室时，一位青年女子从门外伸进头来，告诉董事长她今天没有什么可给他的邮票。

李钊向这位董事长介绍了自己的来意，然后问了他一些问题。但是，这位董事长显得很冷淡，而且回答得也十分含糊不清。很明显，他不愿讲话，似乎没有什么事情能够引起他的兴趣并令他开口，因此这次会谈变得简短而枯燥。

就在李钊一筹莫展的时候，突然想起进门时那位青年女子对董事长说的邮票的事情，他便转移了自己的话题，问董事长是否也是一个集邮爱好者。

董事长客气地笑了笑，说他本人对邮票并不太感兴趣，不过他的儿子很喜欢。刚才那个女子是他的秘书，最近正忙着帮他搜集邮票，等搜集够了之后，就会拿它们作为生日礼物，送给他即将15岁的儿子。

听董事长这样一说，李钊就暂停了有关金融公司资料的话题，转而投入到邮票的事情上。他从董事长那里了解到对方儿子都喜欢哪类邮票，对邮票有哪些要求。了解完后，他就告辞了。

第二天下午，李钊再次前去拜访这位董事长，并提前请人传话进去，说自己有些邮票要给他的儿子。结果，李钊受到了热烈的欢迎，而且董事长一边用手抚摸着那一大包邮票，一边对李钊露出善意的微笑，并说："我儿子一定会高兴坏的。"

随后，李钊又花了半个小时的时间和董事长谈论了自己带来的邮票，并看了他儿子的照片。结果，当李钊把话题转移到金融公司资料的话题时，董事长不仅把他所知道的一切情况都如实告知，还吩咐下属取来一些李钊可能会用得到的资料。最后，这位董事长还给几位常有来往的人打了电话——他把所有的事实、数字、报告以及信件全都给了李钊。就这样，李钊来的时候带的是一包邮票，走的时候已经轻松完成了总部的使命。

有些话题，虽然不是当事人自己喜欢的，但是如果与他的利益息息相关，他也会非常热情地和你探讨。上面这个故事还给我们另外一个启示，那就是如果发现一个话题进行不下去，就应该果断改变话题。如果最开始的话

题对你很重要，必须要谈，也不要强硬地探讨，而是像李钊一样，采取迂回的策略，那样会更有效。

 没有人天生会说话，他们无非是擅长找话题罢了。

好问题可省千言，妙答复胜过万语

第四章
CHAPTER FOUR

> 好学君："知心姐姐，听说在口才方面，就没有能难倒你的问题，是吧？"

> 知心姐："我可没有说过这样的大话，不过，回答你的问题，就算不能令我满意，也不会让你失望。"

> 好学君："那好，我问你，假如你老爸和你丈夫同时掉进水里，他们又都不会游泳，此时你就在岸边，而且会游泳，你先救谁？"

> 知心姐："如果站在岸边的人是你，落在水里的是你的女朋友和老妈，你会先救谁？"

> 好学君："我会……不对啊，明明是我在问你。"

> 知心姐："我的答案和你差不多。"

并非所有的假设都可以转化为问题，并非所有的问题都有最佳的答案。严肃的问题，实话实说，调侃的问题，妙语趣答，唯有这样，才能问出效果，答出风度。这，就是好问题的价值，也是妙答复的魅力。

问对了才叫沟通，问错了自取其辱

想要把话说到他人的心窝里，就需要有良好的互动，而提问就是进行互动最常用的方法。当然，最常用并不代表有用，事实上，如果提问的方式不对，话题终结的速度或者对方的不配合程度就会远远超出双方的预期。比如你想让别人帮忙打扫卫生，如果只是说"把垃圾扔了吧"，对方可能会回答"我很累"或者"我正在玩游戏"。相反，如果你这样问："扔垃圾和拖地，你选哪一个？"那么对方的思维就会聚焦到哪一个比较轻松上，并做出有利于他有时间休息或者玩游戏的选项。当然，即便如此，也比他当面拒绝好多了。

所以，要想掌握正确的提问方法，就应该先弄清楚对方的心里是怎么想的，并试着满足他。如果对方需要同情，那就给予对方更多的理解；如果对方对某件事情感兴趣，那就朝着可以引发对方兴趣的方向提问；如果与对方的关系不熟，那就通过寒暄的方式缔造良好的关系。

有位社区工作者在完成了某个项目后，受到某电台记者的采访。与大多数记者的采访开场一样，这位记者也是通过对这个项目的提问开始，但他没有干巴巴地问，而是通过充满感情的问题向社区工作者表示，他知道这个项目是在克服了很多困难后才完成的。他的第一个问题是这样的："作为一个社区组织的新人，你是如何为这样一个任务艰巨的项目争取到这么多资金的呢？"这个问题的高超之处就在于，他对被采访者的努力给予了充分的肯定，虽是问题，但其中已经包含了褒奖。毫无疑问，这是一次非常愉快的采访，社区工作者回答问题的兴致也非常高。

与这次采访类似，曾经有位女记者采访市政机关办公室的预算主管，她是这样说的："您是怎样重新编排如此众多的部门和项目来制作项目预算，并保证没有项目混跨于两个或更多部门之间的？"女记者的提问基于得知对方为完成这项工作所做的各种努力，所以她的提问充满了敬意。要知道，普通的社区工作者也好，官员也罢，他们的身份再怎么变化，但首先都是有感情的人。既然如此，那么当你的问题也充满感情色彩的时候，就更容易让对方感受到亲切，他们也更愿意向你敞开心扉回答各种问题。

在有些社交场合，我们会遇到一些不太熟悉但又渴望建立亲密关系的人。此时，最好不要害怕寒暄，更不要拒绝多说话。现在，人们沟通、做事的目的性都很强，时间观念也很强，这导致的结果就是很多人说话之初就直奔主题。或许在有些情况下，这种沟通方式有利，但功利色彩也会过于浓厚，很容易让人产生反感。

在一次聚会上，两位读者遇到了自己喜欢已久的一位知名作家。其中一

位读者是这样介绍自己的："您好，我叫××，最近刚从武汉大学毕业，正在找工作。我希望能够认识您。"作家先是愣了一下，等这位读者把话说完，赶紧接话道："是吗？那一定要加油哦。名牌毕业的大学生找工作很容易，祝你早日找到满意的工作。"

与这位读者不同，另外一位读者是这样与作家寒暄的。他先是故意站在远处，好像是无意间发现作家似的，然后径直走向作家，打过招呼后，问了一个看似废话的问题："先生，您好，刚才听一位朋友提到您，您是一位作家？"

作家看了看这位读者，谦虚地笑着说："哪里算得上作家啊，就是随便写点东西糊口罢了。"这位读者也笑着说："那咱们也算是有缘人啊，我平时也会写点东西。不过，与您不同的是，尽管我非常认真，但还是不能像您一样通过写东西养家糊口。改天一定要向您取点经啊！"

作家被这位读者的幽默打动了，现场就向他传授了一些写作上的技巧，临走的时候还互换了名片，并约好了下次会面的时间、地点。

很多人会感觉奇怪，第一位读者正式地向作家介绍自己，反而被冷落，第二位读者问了一个没有实质性意义的问题，却赢得了作家的好感。仔细分析便不难发现，第一位读者的介绍是一种无效信息。要知道，作家跟他不熟悉，在对他的背景、个性等一无所知的情况下，又怎么会对他找工作的事情感兴趣呢？所以，与不熟悉的人寒暄时，废话式的提问就是最好的开场白。其实这种现象在我们的生活中很常见，比如遇到了邻居，问声"吃了吗"肯定会比"你怎么看待美国总统颁布的'禁穆令'"更接地气、更自然。即便就意义而言，后者明显优于前者。当然，你肯定不会在家里问爷爷"吃了吗"，但有可能会和他讨论一下即将召开的"十九大"。

有时候问问题是为了获得答案，有时候问问题是为了建立感情，但不管属于哪一类情况，都要讲究问的方式。

问得越具体，回答的人就越省力

2011年的一期《小崔说事》节目中，崔永元采访了被称为"狼王"的NBA巨星凯文·加内特。在节目进入休息环节后，啦啦队带来了一段精彩的舞蹈表演。崔永元坏笑着问加内特："NBA的啦啦队员都很漂亮，在这样的环境中打球你能够集中精力吗？"加内特回答道："一旦上了球场，除了教练和队友，其他什么声音我都听不到。"

试想一下，如果崔永元问："打球时，你会受到外界环境的影响吗？"这个"外界"所指的范围是什么，对加内特而言，他肯定要对这个问题仔细揣摩一下。事实上，如果问题太大，涉及的范围太广，对方就会难以回答。问的问题越具体，回答的人就会越省力，他就越有兴致和你聊下去。

对此，知名作家柴静也持有同样的观点。她曾经在一次回答读者问题的时候说："我自己在采访的时候，比较注意一点，就是尽量问对方比较具体的问题，越简单越愚蠢越像孩子一样提问的时候，反而会比较容易得到相对完整的答案。"

相对于发表自己的观点，柴静表示自己更愿意报道新闻事实。她说自己曾经有一段时间，一张嘴全都是成语、概念这些冠冕堂皇的词语，后来经过反思后，她说："这些东西在与人实际交流过程中并没有实际的意义。就像胡适说的，多研究问题，问题本身就会给生活指出一条道路。就像新闻一样，不要从意识形态出发解决问题，而是要从解决问题的路出发，看看什么样的制度和方式才能更好地解决日常问题。"

生活中，只要用心留意就会发现，别人向我们提出的问题越具体，我们回答起来就会越省力，同时双方的沟通也会越顺畅。同样的道理，为了与对方沟通得愉快、顺畅，提的问题要简单、具体，这样对方才能答得轻松，说得愉快。当然，为了做到这一点，适当的提问技巧还是不能少的。

1. 选好话题

如果把自己当作被提问方，那么你希望听到哪方面的问题？事实上，很多人最愿意听到的就是自己擅长的那一领域的话题。所以，提问的时候，最好从对方擅长的方面问起。比如对方喜欢运动，可以问他最擅长的项目，有没有获过什么奖之类的。对于这类问题，对方通常情况下都会很乐意与你交流。

2. 把握语气，营造氛围

即便是同一个问题，采用不同的句式或者语气，也往往会产生不同的效果。那些严肃的语气，会让对方产生心理上的压力，谈话氛围也会骤然紧张；如果采用调皮的口吻问一些严肃的问题，对方就会放松戒备，更愿意打开话匣子。

3. 明确目的

在沟通交流的过程中，提问者通常处于主动地位，他的问题决定着被提

问者说不说、说什么、怎么说。所以，提问之前一定要明确目的，规划好到底问不问、问什么、怎么问。如果把这些细节考虑到位了，两人的沟通就不会有尴尬的情况出现。

4. 有针对性地提问

问得具体并不代表问得随意。事实上，有些问题适合问孩子，但不适合问大人，比如年龄；有些问题适合问外向的人，但不适合问内向的人，比如爱情经历等。不同的人，因为身份、年龄、性格、文化素养等因素各不相同，提问的方式和内容也应该有相应的变化。

总之，问得越具体，越能够引发对方积极的思考。如果对方只是用"是"或者"不是"来回答你的问题，看起来双方都很省力，但沟通的氛围已经大打折扣。当然，如果你问的问题太笼统，也会引发对方的思考，但这种思考的背后也隐藏着冲突，说不定哪一刻就会爆发。总之，要想让谈话愉快地进行下去，就要问具体的、有启发性的问题，这样对方才有说的欲望，你也才能真正赢得对方的心。

 知心话

没有人喜欢空洞、烦琐的问题，问题越简单越具体越好，这样，对方不仅省力，也更愿意掏心。

用对反问，见招拆招

有个员工向上司抱怨说工资太少了，结果上司用提问的方式说："那么怎样做才能涨工资呢？"员工低着头思索，上司继续说："好吧，你考虑一下如何提升我们店里的营业额，到时候看能不能给你涨工资。"就这样，原本一个尴尬的抱怨，让上司的一个问题变成了积极的鼓励。

面对他人的提问，正常的反应是对其做出回答，但有时候当我们不清楚提问者的动机，或者不想直接回答时，可以采用反问的方式进行回应，这样做就相当于把"球"踢给了对方，主动权也就转移到了自己身上。

比如，关系一般的同事问你是否有女朋友，如果不想回答，就可以反问说："你为什么想知道？"又如，在大型商场，有顾客问："这款口红还有别的颜色吗，还是说只有你们展示的象牙白和流炫红？"此时，因为你并不清楚顾客究竟喜欢什么颜色，也不知道她这样问的目的是什么，所以盲目回答就有可能将自己置于一种尴尬的处境。面对这种情况，不妨说："您需要什么样的颜色？"然后再根据顾客的情况有针对性地提出自己的看法，就会收到很好的效果。

沃克是美国经理人保险公司的创办者，在做业务的时候，他就是一个非常善用"反问"技巧的推销高手。下面是他与一位顾客的对话。

顾客："你为我推荐的方案让我印象很深刻，要不这样，你留一张你的名片，我过两天给你打电话再细聊。"

沃克："非常感谢你对我的认可，但是我可以问一下吗，为什么要过两天才给我打电话呢？"

顾客："因为我要再仔细考虑一下这个方案才能决定是否要投保。"

沃克："我能否再冒昧地问一句，你为什么总是要事先详细考虑一下呢？"

顾客："大约10年前，有个人向我推销了一款防风窗户。他说得很好，也做出了各种承诺，所以我几乎没怎么考虑就签了合同。结果，因为疏忽大意，给我造成了多年的烦恼。"

沃克："对于这件事，我深表同情。那你认为10年前与一位防风窗户推销员打交道的经历，阻止你10年后接受这套计划的原因是什么？"

顾客："那次经历让我变成了一个非常谨慎的人，同时也养成了一个习惯，就是做任何事情前都要详加考虑，以免做出错误的决定。"

沃克："哦，我明白了，也能体会你的感受。那么除了这点外，还有别的什么因素阻止你接受这套方案吗？"

顾客："其他的没了，主要就是这一点。"

沃克通过反问了解了顾客不下单的原因，最后也获得了这位顾客的保单。很多从事销售方面工作的人员经常会遇到顾客各方面的异议，有些人觉得困难像刺猬，应对起来很吃力，有些人的感觉恰好相反。实践证明，遇到类似这样的困境时，用反问的说话技巧经常可以发挥出显著的效果，因为这样就等于把"刺猬"抛给了对方。此刻，对方提出的异议如果没有依据，就很难对你的反问做出回答。

有一天，拿破仑对他的秘书说："布里昂先生，你将会永垂不朽的！"

秘书很纳闷，问道："为什么？"

拿破仑笑着说："因为你是我的秘书。"

听了拿破仑的话后，布里昂明白了拿破仑的意思，顿了一下后，问道："那么，请问亚历山大的秘书叫什么？"

拿破仑顿时哑口无言，细想了一下拍手称道："说得好，说得好。"

拿破仑的意思是，布里昂是自己的秘书，肯定会扬名后世，而布里昂很清楚，即便是陪伴在像拿破仑这样的伟人身边，自己也不会出名。当然，他如果赤裸裸地与拿破仑争辩，肯定不妥，而且未必会赢。所以，他用一个反问的方式，既巧妙地反驳了拿破仑的观点，又没有任何顶撞之处。

总之，在交谈中灵活运用反问技巧，往往就会变被动为主动，就不用被他人牵着鼻子走。

 知心话

反问有一种化腐朽为神奇的魅力，它可以让沟通的双方不言自明，也可以变被动为主动，让对方惊叹。

制造悬念式问题，好奇更有吸引力

好奇心是人的天性，所以一个有悬念的问题往往能够引发人们的思考，让听者主动去探求，也会引发对方更加积极的倾听。悬念式问题常出现在演讲中，比如演讲者通过在开场制造悬念，引发人们的兴趣，然后在演讲的过程中一步步加以阐释。这样既满足了听众的好奇心，也可以让整个演讲高潮迭起、趣味无穷。

唐莉是一位大学教授，一次受邀去一所高中进行一场文学讲座。讲座快要开始的时候，现场的秩序却很混乱，大家不是在下面聊天说笑，就是低头玩手机。唐莉并没有要求大家安静下来，而是转身在黑板上写了一首诗："月黑雁飞高，单于夜遁逃。欲将轻骑逐，大雪满弓刀。"写完后，唐莉转过身用麦克风对着下面的学生说："很多评论家都认为卢纶的这首《塞下曲》言有尽而意无穷，我却不这么认为，我觉得这首诗有点问题，那么问题究竟在什么地方呢？"此刻，全场顿时安静了下来，大家都等着唐莉继续往下说。

不过，唐莉把话题一转，说："这个问题稍后再谈，先把我们今天的主题讲完。今天，我要讲的是《诗词的意境》……"

就这样，学生的热情被唐莉调动了起来，讲座也取得了圆满的成功。讲座将要进入尾声的时候，唐莉又把开始的话题抛出来了，说："卢纶的那首《塞下曲》写得很传神，但我认为他不合常理。请同学们好好想想，既然是月黑之夜，而且雁还很高，又怎么能够看到大雁呢？有大雪，说明是在冬天，那时候的大雁都飞到南边过冬去了，怎么还会被卢纶看到呢？"

一语终了，台下爆发出热烈的掌声。

唐莉的讲座以一个疑问句开场，不仅形式新颖，而且首尾呼应，让人印象深刻。她既强化了讲座的趣味性，也让同学们回味无穷。

不管是在开场部分，还是在演讲的过程中，平铺直叙往往只会让听众感觉乏味，甚至感到厌倦。此时，如果可以通过问题制造一些悬念，让故事一波三折，听众的心扉自然就会向演讲者敞开。

有位女副市长曾经给市直机关的女同胞做了一个关于《构建温馨和谐家庭》的演讲，她在演讲中特意提到了一位可爱、贤惠的妻子的故事。她是这样叙述的：

妻子让丈夫去超市买袋盐回来，这位爱抽烟的丈夫满口答应，穿了外套，匆匆地就出门了。来到超市后，他并没有先去买盐，而是在香烟货架边上逛。这时，一位超市导购员从他后面经过，笑着对他说："先生，别忘了买袋盐回家。"这位丈夫很奇怪，自己明明是在选烟，导购员怎么会提醒他买

盐？走出超市后，他又遇到了和他同住一个单元的老太太。和老太太打完招呼准备离开的时候，老太太却把他给叫住了，并对他说："小王，别忘了买袋盐再回家。"刚才在超市就感觉蹊跷的丈夫，终于忍不住了，便问道："姚阿姨，你怎么知道我要买盐？"老太太指了指他的后背，说："你的背上不是贴着纸条吗？"丈夫脱下外套一看，果然有一张纸条，上面写着：好心人，请提醒我的丈夫买袋盐带回家。

客观来讲，这个故事并不算精彩，它之所以能够引起听众的兴趣，重在通过问题制造悬念。有了这个悬念，听众自然就会心生疑虑：超市管理员和同单元的阿姨是怎么知道他要买盐的？正因为有这样的疑惑，听众的心就会被一直揪着，想听到关于这个故事的更多细节。最后谜底揭晓时，大家都会觉得这个妻子可爱、聪明。

当然，悬念并不能随便乱用，如果你制造的悬念最后被证明是故弄玄虚，那么听众不但不买账，还会拆你的台。

其实，所谓的悬念不过是吸引大家注意力的工具罢了，并没有什么难度。当然，如果你想让悬念恰到好处地发挥它的作用，就要用心设计自己的悬念，因为悬念除了本身有吸引力之外，也要与你讲话的主题相呼应。

 知心话

好奇心是人的天性，所以一个有悬念的问题往往能够引发人们的思考，让听者主动去探求，也会让对方更加积极地倾听。

理解对意图，才能答得妙

面试是职场人士都经历过的事情，很多人会觉得面试拼的无非就是学历和阅历。当然，我们不否认学历和阅历在面试官眼中的重要性，但是如果你忽视了在回答面试官的问题时所应注意的技巧，那么就算你的学历亮眼、阅历惊人，通过面试的概率也极小。

南珊和刘玉是大学同学，毕业后又待在同一个城市工作。一天，两人收到了同一家公司的面试邀请函。在对面试者的个人情况有所了解之后，面试官问了这样一个问题："请讲一下你为什么想进入我们公司？"对于这个问题，南珊的回答是："贵公司在业界拥有领先的市场占有率，而且福利待遇良好，还可以为员工提供出国深造的机会，所以，我觉得公司的这些条件都非常有吸引力。"

刘玉的回答是："我想把贵公司的益智玩具推广到全国，让我们国家的儿童智力水平达到世界前列。"

三天后，刘玉收到了公司的录用聘书，而南珊则落选了。

分析面试官的问题，我们会发现，他问的是应聘者的志向，而非要求。刘玉说的正是自己的志向，而南珊说的则是自己的要求。如果想把回答的话说到面试官的心窝里，就需要准确理解对方问题的意图。如果不理解意图，回答就会走偏。这种情况不仅在面试的时候会出现，在职场中也会发生。比如领导问你："为什么你的营业额总是上不去？"如果你回答"是现在市场缩小的缘故"，领导肯定会不满意。因为领导的问题实质上是"业绩好的员工和业绩不好的你之间有什么区别"，而你回答的"市场萎缩"就属于答非所问了。相反，如果你回答"是我疏忽了对客户的管理，导致了客户的流失"，领导肯定也会对你另眼相看，至少你理解了他的问题，而且回答也是诚恳的。

除了职场上来自面试官、领导的问题之外，我们在日常生活中也会遇到各种或善意，也有可能是恶意的提问。如果你分不清对方的态度，就很容易吃亏。如果对方的问题是善意的关怀，你就认真地回复；如果对方的问题是为了嘲讽或者戏谑你，那么你就要"以其人之道还治其人之身"。下面便是一些针对不同意图而巧妙回答的方法。

1. 以谬制谬法

谬就是荒谬，针对这样的问题，认真、刻板地回答本身就会掉入对方设立的圈套中，所以可以用以谬制谬的方法巧妙回应。

我国著名学者陆侃如于1932年到法国巴黎大学求学，三年后获得博士学位。在博士论文答辩会上，主考人问了一个非常奇怪的问题："《孔雀东南飞》里面为何不能写成'孔雀西北飞'？"陆侃如听完后略加思索，答道："西北有高楼。"

陆侃如引用的诗句是《古诗十九首·西北有高楼》中的句子，其本身和《孔雀东南飞》毫不相干，但用来回答主考人的问题可谓再恰当不过。正因为"西北有高楼，上与浮云齐"，孔雀自然是飞不过去了，所以只能在东南方向来回穿梭。

2. 巧借前提法

有时候，巧妙利用提问者所说的前提，回答能够有出人意料的效果。

在一次记者招待会上，《纽约时报》记者问美国前国务卿基辛格："到时候，你打算滴滴答答地宣布呢，还是来个倾盆大雨式地成批发表？"基辛格略加思索，装作很认真的样子回答："我打算滴滴答答地宣布，再倾盆大雨式地成批发表。"说完，会场一阵大笑。

3. 将错就错法

言谈中有些人说错话，但对方又不承认，这时不妨将计就计地制造更大的错误，促使对方反省。

一男士说："真不想上班，要是天天在家里陪老婆打麻将，或者陪孩子玩游戏该多好啊！"

另一男士说："是啊，我还想在家生孩子，让老婆养我呢！"

第一位男士一听，立马就能领会自己说错话了。

4. 借题发挥法

如果对方不怀好意，所问问题让我们陷入尴尬，就可以采用对方用来挪揄的话进行反击。

有西方记者对我国外交官不怀好意地问："当中美关系实现正常化时，你在中国遇到过政治上的反对吗？"中国外交官立马回复道："当然有啊，就在中国的台湾。"

5. 设定条件法

有些问题很无聊，可以在分清前提下采用这种方法。

问："你说被一只黑猫跟踪是凶是吉？"

答："那要看你是鼠还是猫。"

6. 答非所问法

碰到有些涉及隐私的问题时，可以避实就虚，答非所问。

在一次小型的联欢会上，观众席上有一个女子问一位女明星："听说您的出场费很高，一场至少要一万元，是吗？"

女明星回答道："你的问题提得有些突然，请问你是哪个单位的？"

女子答道："我是上海一个电器经销公司的。"

女明星问："那请问你们经营什么产品呢？"

女子答道："有电视机、电冰箱、空调……"

"那一台电视机多少钱？"

"我们那儿的电视机都是4000元以上的。"

"那如果有人出400元，你卖吗？"

"当然不能卖，每种商品的价格都是由它的价值决定的。"女子特别干脆地回答道。

"那就对了，演员的价值是由观众决定的。"明星笑着从容地答道。

那个女子问的问题是"出场费至少要1万元是不是事实"，可是那位女明星由于不便直接回答这个问题，于是就岔开了提问者的话题，谈论起"演员出场费的多少是由什么决定的"。这样，不但回避了正面回答，而且也没有给对方留下一种答非所问的印象，使交际气氛变得非常轻松且和谐。

7. 反唇相讥法

如果对方问的问题不礼貌或者带有讽刺、挑衅的味道，那么你的回答也不用太客气，可以反唇相讥。

1984年，里根在竞选美国总统时与对手蒙代尔进行电视辩论。那时里根已经73岁，而蒙代尔才56岁。在辩论中，蒙代尔自诩年轻力壮，竭力攻击里根年

龄大，不适合竞选总统。里根是这样回答的："我希望你们知道我不愿意让年龄成为这次竞选的一个话题，我不会为了政治上的目的，在我的对手年轻、不成熟这类问题上大做文章。"此话一出，立刻博得了全场的热烈掌声。

与提问相比，年轻人更应该练就探明对方的提问意图，并立即做出回答的能力。

学会巧妙赞美，让你的魅力与日俱增

好学君："知心姐，昨天我带着女朋友回家，我妈妈的一位同事正在家里做客，看到我女朋友，你知道那位阿姨是怎么说的吗？"

知心姐："哦，说来听听。"

好学君："她说'这孩子的眼光真好，会挑！'她这表面上是在夸我，其实是在夸我女朋友呀。关于如何赞美别人又学了一招！"

知心姐："嗯，这样的赞美确实不错，但还不够完美。"

好学君："哦！你有何高见？"

知心姐："她若把赞美之词稍作改动会更好，比如'这孩子像他爸，会挑'这样的话，她就等于把你们一家四口都赞了一遍。"

赞美既是赞美者的心意，也考验着说话者的口才，更体现一个人的情商。不过，这些都是值得的，因为你的赞美就像对方心窝中的太阳，让其心情舒畅、精神饱满、情绪盎然。这，就是赞美的力量。

有技巧的赞美会产生奇效

美国心理学家罗塔尔森和雅各布森曾经在1968年做过一个有趣的实验，他们从一所小学六个班的学生名单里面抽取部分学生，以赞赏的口吻通知学校校长和有关老师，说这些学生很有潜力，并再三嘱托他们保密。事实上，这些所谓的"有潜力"的学生只是两位心理学家随机抽取的。八个月后，出现了令人惊奇的现象：那些被告知校长和老师有发展潜力的学生普遍展现出了与老师关系融洽、性格开朗、学习上进、求知欲强等特点。

那么，为什么会出现这种现象呢？原来，这些老师得到"权威部门"的预测之后，便开始对那些"有潜力"的学生投入更多的关注和赞美，即便他们犯了错，也很少遭到严厉批评，而是通过赞美他们的优点来表达信任。这种隐藏在心里的期待以及流露在外的赞美，在无形中加强了学生自信、自尊、自强的品格。类似于老师这种爱、信任、赞美而产生的效应，在心理学上被命名为"皮格马利翁效应"。

"皮格马利翁效应"给我们这样一个启示：赞美具有可以改变他人行为

的力量。因为当一个人获得他人的赞美时，便会感觉获得了某种支持，就会提高自我价值，并积极向上，极力达到他人的期待，避免让对方失望，从而维持这种连续性。如果你是父母，可以通过赞美鼓励自己的孩子；如果你是老师，可以通过赞美激励自己的学生；如果你是销售员，也可以通过赞美恭维你的顾客。

张楠在广州经营了一家书店，生意一直不错。曾经有一段时间他特别苦恼，因为尽管店员已经非常用心了，而且店里也安装了摄像头，但书店里的书还是屡屡被偷。于是，他在书店门口放了一个布告栏，上面写着：偷窃是一种犯罪行为。

结果，偷书行为不但没有减弱，丢的书反而更多了。这让张楠很苦恼。后来，偶尔在翻阅《别让成功卡在说话上》一书时，张楠学到了一种借用措辞来达到说服目的的方法，便决定一试。

第二天，他依旧把布告栏放在门口处，只是上面的字换成了："感谢读者的协助，盗书贼已被捉到。"结果，接下来几周丢书的数量急剧下降。

要知道，"偷窃是一种犯罪行为"只是一种痛斥，对于那些没有偷书的读者而言，是一种恶意的提醒，而对于那些偷书贼来说，只会加剧他们偷书的频率。相反，改用赞美的方式之后，对于没有偷书的读者来说就是一种充满善意的鼓励，而对于那些偷书贼而言也是一种警告和提醒：小心，说不定你的行为就会被哪个读者发现。要知道，以前偷书贼只会防范书店管理员和监控器，而现在他们要防范书店里的每一个人。而那些前来买书的读者，因为

看到了这样的提醒，也会在心里形成这样一种意识：看来我也要向那些主动举报偷书行为的读者学习。由此可见，这种赞美式的公告可谓一举多得。

从某种程度上讲，赞美迎合了人们内心深处爱慕虚荣的天性。即便如此，赞美也不能无的放矢，见到什么人都开口赞美。为了赞美更悦耳，说话的时候还需要注意以下要点：

1. 赞美要有事实依据

我们在赞美他人时，要有事实依据，不可无中生有。比如明明很胖的一位女士，你夸她"魔鬼身材"；本来是一位在家种地的主妇，你说她是"女强人"。这样的赞美非但不会收到任何好处，反而会弄巧成拙。

2. 赞美要省着点用

正所谓"物以稀为贵"，赞美同样如此。有些人或许真的很苗条，有的地方或许真的很漂亮，但赞美一次就够了，不能每次见面都要赞美一番。刚开始，对方会觉得你热情，时间久了，对方肯定会感觉你虚伪。如果仍不及时改正，对方可能就会厌烦了。另外，如果见了谁都赞美，会在对方心中形成这样一种认知：这个人就这样，见了谁都夸。那么，你的赞美在他们心中就很廉价。省着点用并不代表尽量不用，而是在该赞美的时候，不能省；不该赞美的时候，坚决不滥用。

3. 要赞得恰到好处

人都喜欢听好听的话，但要想让赞美起到作用，就需要把它说得恰到好处。比如，一位女士到一个好多年都没见面的朋友家做客，刚进门没多久，就看到朋友的儿子带着自己的女朋友也回家了。在事先并不知情的情况下，这位女士顺口说了句："这孩子眼光像他爸，会挑。"就这样，一句话把朋友一家三口以及未来的儿媳妇都赞美了一遍。

4. 多用新闻式赞美，尽量不用评论式赞美

新闻式赞美就是通过事实的再现给对方予以肯定，评论式赞美就是用抽象的语言对他人做出评价。比如你想赞美对方很能干，可以说通过对方具体怎样的努力，取得了怎样的成绩，很了不起等，而不是说"我一看你就感觉你很能干，有魄力"。前者明显比后者更容易让听者接受，而且也容易引入更多话题，有利于接下来的沟通。

懂技巧的赞美如夏日清风，可以拂去人身上的疲劳，从而让对方精神抖擞。不过，赞美也是一把双刃剑，在具体使用的时候一定要讲究方法，切不可随便乱用。

 知心话

懂技巧的赞美如夏日清风，可以拂去人身上的疲劳，从而让对方精神抖擞；不懂技巧的赞美，轻则无效，重则适得其反。

对陌生人也要不吝惜赞美

在现实生活中，赞美的对象不仅仅包括熟人，很多情况下也有陌生人。与熟人之间的赞美之言不同，赞美陌生人更要谨慎，因为你对对方不了解，说出的赞美话如果不符合人家的胃口，反而会让双方都陷入尴尬。赞美熟人，主要针对对方做的某件事背后所表现出来的品质表达相对理性的看法；而赞美陌生人，最好就一些表象性的东西发表自己相对感性的看法。

戴尔·卡耐基有一次前往一座无线电商厦里寻找一位叫舒维尔的人，但对方办公室的具体信息他还不是很清楚，正好旁边站着一位导路员，他便走上前去问对方。只见那位穿戴整齐的导路员口齿伶俐地说："舒维尔（稍作停顿），18层楼（又稍作停顿），1816号房间。"导路员显然对自己回答问题的方式异常自豪，胸脯挺得笔直，头也高高地抬着。

卡耐基走到电梯边上，很快又转了回来，对导路员说："你刚才回答我的方法实在是太棒了，为此我要真心地感谢你，并向你表示祝贺。你的回答很清楚，就像一个艺术家，太了不起了。"导路员听了卡耐基的赞美后，精神抖擞，容光焕发，脸上充满了喜色。紧接着，导路员非常热情地告诉卡耐基他说话停顿的原因，以及为什么每句话都会那么准确。卡耐基后来回应说，他当时突然有一种感觉，好像那天下午也算是为人类的幸福做了一点有益的事情。

赞美陌生人不仅会让对方心生愉悦，也会让赞美者本人在精神情感方面有很大的收获。而对于陌生人的赞美，有些只是一个稍纵即逝的过程，有些则只是昙花一现的瞬间，所以，一个善于赞美的人应该抓住时机。当然，时机只是赞美的一个要素，为了把对陌生人的赞美真真切切地说到对方的心窝里，还需要讲究一些方法，懂一些技巧。

1. 找到赞美的点

赞美要发自内心，也就是要保证一定的客观性，但关键是要说到对方的心坎里，能起到让对方感到愉悦的目的。不同性格、年龄、性别的人，对赞美的关注点又都不同，比如男人喜欢他人夸赞自己的成熟，女人喜欢他人夸赞自己的长相，小孩喜欢他人夸赞自己的机灵，老人喜欢他人夸赞自己的智慧。基于此，赞美的时候就要针对不同的人，找到各自的赞美点，然后顺势扩散。以下是一些常见的赞美陌生人时可以用到的点：

（1）漂亮。漂亮是一个比较大众化的赞美方式，而除了整体长相之外，还可以就对方身上某个具体的点展开，比如眼睛、嘴唇、头发等。曾经有一个交友网站就在线上展开调查，结果显示，"你的嘴唇真漂亮"是男人在网上搭讪异性最常用的句子。英国行为心理学专家乔·荷明斯解释说，女性之所

以听到对其嘴唇的赞美而高兴，是因为这种比较大胆的赞美听起来更真实。事实上，除了大胆之外，当人们把对陌生人的赞美聚集在具体的某个点时，会给对方一种错觉，就是他的赞美并非空穴来风，而是仔细观察后得出的结论。所以，赞美陌生人，特别是赞美某些女士的时候，应尽可能将赞美的点具体化，这样会更真实，也更容易让对方接受、认可。

（2）气质。气质对多数人而言都是稀缺品，但用在赞美陌生人方面却是一个比较大众化的词汇。当你遇到一个长相一般、优点不明确的人时，不妨用气质来概括自己想表达的观点。即便对方自认为没有气质，也不会对你的赞美表示反感。因为气质的概念比较广泛，对方会将你的赞美视为对自己某一方面或许还未发现的优点的肯定。如果说漂亮针对的是外在美，那么气质则更侧重于一个人的内在修养。所以，对于那些有素养的人而言，赞美气质会比赞美漂亮更能俘获对方的心。

2. 把握赞美的度

赞美他人不是拍马屁，除了赞美的点一定要真实、可靠之外，赞美的度也一定要把握好，否则会适得其反，让对方觉得你很虚伪。

（1）真诚。真诚是赞美的最高境界，也就是说，你的赞美发自内心，而在赞美的过程中所用的语言以及所流露出的表情都很自然，你就会说得顺心，对方听得也舒心。

（2）分场合。同样的赞美在不同的场合说出来会有完全不同的效果，比如赞美对方的耳环很漂亮，即便事实如此，但在开会的时候显然没有在吃饭闲聊的时候更能达到预期的效果。

（3）不重复。你如果已经就某一个点赞美过对方，那就不要重复这个话题，否则，会让对方觉得要么是你记性不好，要么是你在没话找话。如果实在不记得自己是否赞美过，那就放弃这个赞美，重新发现对方的亮点。

（4）不夸张。合理的赞美是赞美，过度的赞美就是奉承。除非你确信对方喜欢被他人奉承，否则就不要随意夸大你的赞美。

3. 遵循赞美的步骤

有时候我们赞美陌生人只是出于某种目的，比如销售员赞美顾客只是为了卖东西，也有可能只是为了表达真挚的感谢，而以后你和对方的人生便再也没有交集，比如上文提到的卡耐基在商厦里赞美导路员的行为。当然，也不排除另外一种情况，就是你和这个陌生人通过沟通交流，以后还会发展为朋友的关系。此时，赞美就不再仅仅只是走走过场，还牵涉到会给对方留下什么样的印象。如果真的是为了快速与陌生人成为朋友，在使用赞美这一技巧的时候，就要注意步骤。所谓赞美陌生人的步骤，其实也不复杂，就是说出你看到的，说出你感觉到的，说出可能发生的，俗称"三步称赞法"。

（1）说出你看到的。与陌生人聊天，因为对对方的喜好不甚了解，而又想通过赞美拉近彼此的距离，那么不妨直率一点，把你通过眼睛能够看到的东西，比如对方的发型、服饰等赞美一番，对方一般都会很容易接受。

（2）说出你感觉到的。有了短暂的接触之后，你对搭讪对象已经有了相应的了解，此时不妨大胆一点，猜猜对方的职业、性格、爱好等。当然，不是盲目地猜，也不是真猜，而是故意往好的方面猜。比如，看对方皮肤很好，可以猜测对方一定很注重健身、养生等；看对方知书达理，猜测对方平时一定很喜欢看书。往好的地方猜，猜错了，对方心里也会很舒服；往不好的地方猜，猜对了，对方也会觉得尴尬。

（3）说出可能发生的。有了前面的赞美做铺垫，对方基本上已经在心里把你当成朋友，所以接下来的赞美，倾向于以朋友的口吻给出一些建议或者鼓励。比如，你在肯德基搭讪了一个正准备下午参加面试的美女，可以非常肯定地告诉对方，下午的面试一定能过。事实上，即使美女下午的面试没通过，她也不会因此而与你从此不相往来，反而会因为你的善意的鼓励而心存感激。

除了以上几点之外，赞美的时候还需注意最好回避敏感话题，并婉转地避开那些显而易见的缺点，而对于很明显的优点，比如头发柔顺、眼睛很大等，多夸几句也无妨。如果想让赞美达到预期效果，可以将对方的优点夸得更详细、具体一点，这样会让人听得舒服，印象分自然就高了。

知心话

主动接近陌生人应该被视为一种礼貌、一种技巧、一种社交法则。赞美，本身就是一种技巧，也是一种社交法则，重要的是，它会让你也获得一份尊重。

性别不同，赞美方式迥异

美国心理学博士约翰·格雷出版过一本畅销书籍，名叫《男人来自火星，女人来自金星》。格雷以男女来自不同的星球这一新鲜的比喻作为他的全部实践活动的理论支撑点，即男人和女人无论是在生理上还是心理上，无论是在语言上还是在情感上，都是大不相同的。以认知为例，格雷博士认为男人习惯"聚焦式"看待世事，女人则是"发散式"看待周围的一切。如果我们想要再看看男女之间情感方面的差异，那么莎士比亚的这句话或许更有代表性，他说："和一个男人相处，多了解他而不必太爱他；和一个女人相处，应多爱她，别试图完全了解她。"

认知也好，情感也罢，都说明男人和女人之间的思维方式存在着显而易见的差异，所以在赞美的时候，也应该遵循"男女有别"的原则。

我们都知道，赞美本身就是双方传达感情的一种方式，比如一个女人对一个男人有了好感之后，通常会通过赞美的方式让对方意识到自己的心意。只是很多女人在赞美男人的时候往往口无遮拦，很直率地说出自己眼里看到

的或者心里想到的，结果男人在听到对方的赞美之后往往会很尴尬。比如有的女人在和男人约会结束后，会用"你今天的安排很周到"来赞美对方。那么这种很直接的赞美方式会让对方有成就感吗？或者说，这是最理想的赞美方式吗？我想，未必如此。为了对这种赞美方式做检验，我们不妨换一种赞美，比如约会结束后，女方说："今天的电影实在是太好看了，还有，你点的那个'驴打滚'真的是太合我的口味了。"

针对第一种赞美，完全是总括式的直接赞美，而第二种赞美并没有直接赞美对方，而是赞美电影好看，美食好吃。如果你就是那个男人，听到以上两种赞美，哪一个会让你感觉更加舒服，更有成就感呢？相信绝大多数男人都会认为第二种赞美方式更符合自己的男性品位。

那么，直接赞美和间接赞美的区别在哪里？为什么会产生不同的结果呢？

当约会对象在临走的时候说"你今天的安排很周到"，作为男人，很多人的第一反应往往会是"对方是不是在敷衍我"。这种反应很正常，因为不管男人的"安排"是否周到，女人在告别时都会礼节性地对其一天的付出表示赞美或者感谢。如果女人的赞美太笼统、太直接了，男人自然会心疑。紧接着他会回忆，看今天的安排是否有什么地方不妥。相反，当女人说"电影好看""美食好吃"的时候，她就是在谈自己的切身感受。实际上，没有什么比"切身感受"更好的赞美了，因为男人的付出就是为了让其获得这样的感受。所以，当女人的赞美相对间接，就相当于委婉地给男人的表现打分。而且，男人通过间接赞美得到的往往是高分。相反，如果女人的赞美很直接，那么，她的意思要么就是不合格，要么就是勉强及格。

男人喜欢间接赞美，还有一个非常重要的原因就是，他们的思维更理性，而且好面子。对于张口就来的直接赞美，男人们往往会觉得廉价，也就不会珍惜。重要的是，直接的赞美有时候会让男人脸红，因为在他们看来，那样的小事根本就不值得赞美。相反，女人就喜欢别人针对她们的穿着打扮、言谈举止等小事进行赤裸裸的赞美。比如在社交场所看到一位仅有一面之缘的妇人向你走过来，不打招呼肯定不行，想打招呼又不知道该说什么，此时只需一句赞美，就可以让你们成为朋友，比如说："你的发卡真漂亮，在哪里买的，回头我也给我的妻子买一个。"这样的赞美既是拉近关系的方式，也是提出话题的手段，接下来你们就可以围绕这个"话题式赞美"展开交流。

女人身上能够直接赞美的地方很多，比如发型、脸色、首饰、服装等。或者我们也可以这样说，凡是你可以通过眼睛直观看到的东西，都可以赞美。当然，对方脸上的伤疤、皱纹之类的东西除外。

直接的赞美最能够让女人得到满足，自然也就很容易拉近你与对方的关系。而对于男人，你只需要赞美他喜欢的球队、他的作品，或者他参与的一个项目等，就等于在赞美他们本人。

 知心话

如今社会，我们提倡男女平淡，但在赞美的世界里，男女还是有别的。间接赞美男人，会让他们更自信；直接赞美女人，会让她们更当真。

有新意的赞美更容易进入对方的心窝

喜欢被他人赞美是人的天性，而喜欢有新意的赞美更是人们天性中的天性。比如你用"漂亮"这个词来形容一个本身就很美丽的女子的长相，对方触动肯定不大，因为这样的赞美她听得太多了。如果你用这个词来形容她的头发或者眉毛等，或者换个词来形容她的长相，比如"清秀"，此时对方对你一定会大有改观，因为这类赞美她们很少听。所以，为了让自己的赞美之辞能够更好地进入对方的心窝，就需要在新意方面下功夫。

那么，究竟怎样才能让自己的赞美更有新意呢？其实，我们可以从上面这个修饰词中发现一些端倪。用"漂亮"形容一个美貌的女子符合我们前文所说的"直接赞美女人"这一标准，但是这也存在着一个弊端，就是用的人太多了，它赞美的色彩就淡了。不过，当你用"漂亮"这个词去赞美她的眉毛或者眼睛的时候，又会产生别样的韵味，因为你的赞美在对方看来很新奇。所以，想要让赞美更有新意，首先就要做一个有心人，善于观察对方身上的细节。

付小光是一家电影公司的专业摄像师，专门负责为参加角色海选的演员拍照。

有一次，付小光为一个十八九岁、尚未毕业的女孩拍照片时，发现对方有点紧张，一直无法按照导演的要求拍出想要的效果。此时，付小光看见女孩耳朵上戴的银色耳环在灯光的照射下闪闪发光，心里便有了一个好的想法。他先是把灯光、焦距都调到最佳，然后像是无意间发现了似的对女孩说："哇，你的耳环在灯光的映衬下正在闪闪发光，真是美极了。"

听到有人夸自己的耳环，女孩先是诧异了一下，然后顺手摸了一下耳环，脸上随即露出了非常自然且灿烂的笑容。就在这时，付小光迅速按下快门，捕捉了女孩最美的瞬间。

毫无疑问，如果付小光只是泛泛地夸了一下对方的长相，根本不可能获得这样的效果。他不仅独具慧眼，而且另辟蹊径，在对方的耳环上下功夫，最后取得了"巧赞直达心窝"的表达效果。

爱因斯坦曾经说过，听到别人夸赞他想象力丰富或者思维能力强的时候，他的内心没有任何触动，但如果有人赞美他的小提琴拉得不错，他会顿时心花怒放。为什么会这样呢？这是因为爱因斯坦作为一名世界顶尖级的物理学奖获得者，他听到类似前者的赞美实在是太多了。相反，夸他小提琴拉得好的人却寥寥无几。

前面我们说过，赞美女人最好直接从对方身上"就地取材"，而赞美男人最好间接从他做的事情中寻找素材。所以说，为了让赞美更有新意，对女人而言，应注意细节，对男人而言，应重视他做过的小事。为什么是小事

呢？和细节的道理一样，男人做过的大事大家都知道，你的赞美只是在重复着大家的唠叨罢了。当然，在涉及赞美的新意时，重视小事的价值对男女而言都是通用的。

戴高乐担任法国总统期间，曾经到美国访问，受到时任总统尼克松和第一夫人凯瑟琳的热情款待。为了表达自己对戴高乐的欢迎，凯瑟琳费了很大劲儿特意在宴会上布置了一个漂亮的鲜花展台。展台在一张马蹄形的桌子中央，而且还有一个喷泉被五颜六色的鲜花簇拥着。当戴高乐进入宴会厅后，一眼就看出了这是女主人为了欢迎他而精心设计的，不禁脱口称赞道："这个鲜花展台真是太漂亮了，布置这样一个雅致的展台一定花费了您不少时间吧？"

听到戴高乐的赞美，尼克松夫妇非常高兴。后来，凯瑟琳对友人说："大多数来访者要么就是没注意到这一细节，要么就真的以为这只是一件不值得称道的小事，而戴高乐总统不仅注意到了，而且还对其进行了赞美、感谢。"

通过这个故事，我们发现，即便贵为总统、第一夫人，也很在乎他人的赞美。与国事访问相比，一个小小的展台真的算不上什么大事，但它也浓缩了主人的心意。戴高乐将军的赞美之所以让凯瑟琳记忆犹新，除了他本人的尊贵之外，也是因为对方能够注意到这样的小事让她很诧异。

法国雕塑艺术家奥古斯特·罗丹说过一句话："世界上并不缺少美，只是缺少发现美的眼睛。"就赞美的新意而言，这一观点同样适用：世界上并不缺少新意，只是缺少捕捉细节的心。所以说，要想让自己的赞美更有新意，就应该养成一种捕捉细节、重视小事的思维或者意识。

　　谁在赞美的新意上偷工减料，谁就会在人际关系上遭受损失。赞美的新意并不需要多么时髦的创意，用心足矣。

赞美他人既要讲技巧，更要躲暗礁

我们讲过赞美要讲究技巧，那么，除了前面讲过的内容之外，还有哪些技巧呢？

1. 坦诚得体

从某种程度上讲，坦诚应该是赞美他人的首要态度。如果你以坦诚的态度去赞美他人，即便你的言辞不华丽，对方听着也会很舒服。

2. 在背后赞美

通常情况下，当面赞美在对方眼里多多少少有你自己的目的，比如求人办事、推销产品时的赞美。不过，当你在背后赞美他人的时候，不但可以给听者提供一个参考的标准，而且当被赞美者得知之后，也会对你好感倍增，因为背后赞美的随机性更容易让被赞美者把它的来源归结为你的心。

3. 多称赞对方的人品和道德

人之所以会被他人尊重，主要的原因之一就是他道德高尚、人品好。另外，现在很多人都很注重自己的形象，而人品、道德又是所有形象中含金量最高的。所以说，当你赞美对方的人品、道德时，就相当于在向对方的"最高信仰"致敬。

赞美对方的人品、道德还有一个潜在的好处就是，你的赞美会在对方的脑中留下痕迹，即便他的人品、道德没有你说的那么好，在大庭广众之下，他也不好意思随意践踏自己的形象。所以，你的赞美于对方而言就像是一个公益广告，让对方的行为不断向善。

4. 多美化对方的能力和业绩

如果说人品、道德代表着一个人精神层面的高度，那么能力、业绩就代表着对方智力上的高度。特别是有野心的男人和事业心强的女人，非常在意他人对自己能力方面的看法。赞美这类人的时候，可以适当违背"注意细节""重视小事"的原则，尽可能地对他们潜在的能力和已有的业绩表示赞赏。如果你正好有求于对方，这样的赞美通常会满足他们的虚荣心，进而减少对方拒绝的阻力。

赞美他人除了要讲究技巧之外，更要懂得躲避以下暗礁。

1. 无的放矢，盲目比较

在一家服装店里，导购小张非常热情地接待了一对母女。当母亲选中了一款衣服，走到试衣间换穿的时候，小张为了拉近与顾客的关系，对旁边的小姑娘一个劲儿地夸。小姑娘既没有因为听到赞美而高兴，也没有对小张的唠叨表现出厌烦，只是淡定地站在那里左看右看。

小张见自己的赞美在小姑娘身上不起作用，又把"话筒"对准了从试衣间走出来的母亲："我就说嘛，这小妹怎么会有那么好的气质，原来是你这个妈

妈遗传下来的啊。看看你这皮肤，和小妹的一样白，真不愧是母女俩呀！"

听到小张的赞美，那位原本因为穿着新衣服而面露喜色的母亲脸色顿时变得苍白，冷冷地说了句："我是她后妈。"

其实小张犯了一个很多人都会犯的错误，就是不分青红皂白地盲目对比、盲目赞美。如果对比到位了还好，比较错了对象，双方都会尴尬。

2. 冒犯隐私，忌讳玩笑

在一个项目庆功宴上，韩老板因为多喝了几杯略显醉意，在宴会即将结束的时候，他举起酒杯对大家说："我特别佩服吴总的商业头脑，这次我们两家公司能够达成合作，多亏了吴总。在吴总身上，我得出一个结论：凡成大事者，必须具备三证！"

韩老板顿了一下，然后提高嗓门说："第一，大学毕业证；第二，职业资格证；第三，离婚证。来，敬吴总一杯！"

话音刚落，众人一片哗然。最后吴总硬着头皮喝下了那杯苦涩的酒。

离婚证无疑是吴总的忌讳，他不想让人知道，更不想让人们议论，但韩老板一时疏忽逾越了界限弄得大家都很尴尬，因此在称赞他人时，千万不要冒犯别人的忌讳，要尊重别人的隐私，不开残酷的玩笑。

3. 沉溺历史，浮夸无度

小欣在一次学校组织的数学竞赛中获得了特等奖，他的妈妈满心欢喜，不管是家里来了客人，还是在小区里碰到了熟人，都会把这个好消息告诉对方。有时候，他还当着小欣的面，夸赞自己的儿子智力超群，将来肯定可以成为优秀的数学家。结果，期末考试的时候，小欣的数学成绩一下子滑落到班级二十多名的位置。

其实，每一个母亲都会为自己的儿子、女儿做出一点点成绩而感到骄傲，但是在赞美的时候，一定要掌握分寸，把握好度。有时候，子女会因为父母的过度赞美而厌烦，或者因为他们过高的期望而压力倍增，进而做出与父母期望背道而驰的行为。比如曾经被誉为中国"第一神童"的宁铂，就是因为在周围的赞美以及过高的期待下，因为承受不了压力，最后选择出家。

面对他人取得的成绩，可以适当赞美，但不能过于浮夸，或者功利心太强，因为这很容易给对方造成心理压力。

4. 好话坏说，明褒暗贬

陈芳和赵宇是室友，因为赵宇要出差一个星期，便交代陈芳每天上班前记得给自己放在客厅的两个盆栽浇水。陈芳是一个大大咧咧的女生，做事比较粗心，前两天都忘记了。第三天，赵宇还没打电话，陈芳就在微信里面给赵宇发了一张照片，显示盆栽已经浇过水了。赵宇心里虽然满意，嘴里却说："你终于记住了自己该做的事，真是太阳从西边出来了！明天可别再忘了！"

这样的赞美隐含着批评，会在无形中打击对方的积极性，让对方觉得好事白做了。做事有进步本来是好事，如果给表扬或者赞美加上阴影，那就是

赞美者的不对了。

赞美要看对象，看时机，看场合。"看"的东西多了，自然需要高超的技巧，当然也需要躲避很多看不见的暗礁。

幽默不断，让你成为最富吸引力的人　第六章

CHAPTER SIX

> 好学君："知心姐姐，如果让你选择男朋友的话，你最看重他身上哪一点？"

> 知心姐："幽默感。"

> 好学君："哦，为什么呢？"

> 知心姐："听说有幽默感的人会长寿，我可不想在去世之前守活寡。"

相关研究显示，拥有幽默感的成年人比缺少生活乐趣者更长寿，所以，知心姐的幽默也是心里话。当然，幽默的价值不仅仅体现在生理上，更多的是在心理上，比如劝说别人、化解尴尬、促进交流、增进感情等。这，就是幽默的力量。

幽默是智慧的闪现

莎士比亚说过："幽默和风趣是智慧的闪现。"莎士比亚说这句话的时候，或许依靠的是自己作为剧作家的敏锐直觉。不过，如今智慧与幽默之间的关系已经有了更科学的界定。根据心理学家的测验证实，幽默感测试成绩较高的人，往往智商测验成绩也较高，而缺少幽默感的人其智商测试也成绩平平，有的甚至明显缺乏应变能力。所以，"幽默是智慧的闪现"这句话有了更为可靠的依据。

现实生活中，不管是因为家庭琐事闹出的矛盾，还是因为利益争端激起的冲突，如果不及时化解，就会积少成多、因小失大。化解这些矛盾、冲突的方法很多，有人崇尚英雄主义，看谁更强势，耐力更持久，有人采取妥协措施，主动认错或让步。不过，这都不是最佳的解决办法。事实上，通过幽默就可以轻松化解很多问题。

有一对夫妻因为生活的琐事大吵了一架，结果两个人互不说话。过了两天，妻子发现家里的燃气费没了，想让丈夫去把燃气费交了。不过，每次她打算和丈夫说话的时候，丈夫都故意把脸转到一边，做出一种很厌烦的表情。妻子也忍无可忍，不过她没有当着对方的面发飙，而是转身走到卧室，把所有的抽屉、柜子都打开，到处乱翻。因为声音很大，很快就惊动了在客厅看报纸的丈夫。没一会儿，丈夫走到卧室门口嚷道："你到底在找什么呀？"

只见妻子不慌不忙地说："谢天谢地，总算是把你的声音给找到了。"

听到妻子的调侃，丈夫"扑哧"一下笑出了声，两人也冰释前嫌。十分钟后，丈夫就拿着钱去银行交燃气费了。

常言道："夫妻没有隔夜仇，床头吵架床尾和。"夫妻不会无缘无故地吵架，他们也不会无缘无故地和好。事实上，总是需要一个人采取主动的措施来为和好酝酿一点氛围，创造一些条件。在上面这个案例中，妻子就用了一个妙招：翻箱倒柜找声音。妻子很聪明，他知道只要丈夫一笑，双方的矛盾就会消除。要知道，很多时候夫妻吵架都是由琐事引起的，根本不是谁对谁错的问题。既然不清楚谁对谁错，还要让一方主动服软去认错就难上加难，而幽默就可以让双方忽视这些因素，从而不伤和气地回归到正轨。所以，用幽默去化解矛盾是充满智慧的做法。幽默不仅可以化解生活中的小矛盾，也可以用来处理国际大矛盾，比如著名外交官亚历山德拉·米哈伊洛夫娜·柯伦泰就是一个善于运用幽默化解冲突的智慧女性。

苏联与挪威曾经就购买挪威鲱鱼进行了长时间的谈判，但苦于挪威人出价太高，谈判一度陷入僵局。虽然苏联的谈判代表与挪威人进行了艰苦的讨

价还价，而且谈判代表也换了一个又一个，但挪威人就是不让步。

为了解决这一贸易难题，苏联政府这次派出了柯伦泰为全权贸易代表。柯伦泰是苏联的著名女大使，也是一位杰出的外交家和谈判家。聪明的柯伦泰，面对挪威人报出的高价，针锋相对地还了一个极低的价格，无疑使双方进入了一个漫长的、艰苦的讨价还价的阶段。而且由于双方都不愿做出大幅度的让步，谈判再次像以往一样陷入了僵局。挪威人并不在乎僵局，更不害怕僵局，因为不管怎么样，苏联人只要吃鲱鱼，就得找他们买。而柯伦泰不能拖延时间也不能做出让步，而且还要非成功不可。情急之下，柯伦泰决定使用点策略来说服挪威人。

再次坐在谈判桌上的时候，她对挪威代表们说："好吧！我同意你们提出的价格。如果我的政府不同意这个价格，我愿意用自己的工资来支付差额。但是，这自然要分期付款，可能我要支付一辈子。"

挪威的绅士们从来没有遇到过这样的谈判对手，堂堂绅士能把女士逼到这种地步吗？所以，在忍不住一笑之余，就一致同意将鲱鱼的价格降到最低标准。而柯伦泰用幽默法完成了她的前任们历尽千辛万苦也未能完成的工作。

柯伦泰靠幽默为祖国挽回了巨大的损失，她最厉害的武器便是幽默。

 知心话

幽默从来都不是言语的"花瓶"，只负责装饰，它有切切实实的价值，比如化解冲突、缓和气氛等。那些善于把话说到他人心窝里的人，定是把幽默的智慧体现得最大化的人。

116

幽默是促进交往的润滑剂

事实上，幽默感是一个人社交能力的体现，对维护人们社交关系起着举足轻重的作用。谈吐幽默的人，在与他人交往时就会更加顺利；缺乏幽默感的人，在社交方面的表现往往不如人意。

说到幽默，人们会很自然地想到美国人以及他们的美式幽默。事实上，英国人的幽默感也很有特色，曾经红遍大江南北的"憨豆先生"就是英式幽默的典范。那么，当英式幽默碰上美式幽默，会发生怎样的化学反应呢？其实，早在七十多年前，美英两国领导人就已经用自己的言行验证了幽默对于强化双边关系的重要性。

在"二战"快要结束期间，东西方的首脑在埃及开罗召开会议。因为久居寒冷潮湿的英国，丘吉尔对于开罗干燥闷热的气候难以适应，便把自己泡在放满冷水的浴缸中消暑，几乎一天都没有出来。

到了晚上的时候，同在开罗参会的美国总统罗斯福因为有要事找丘吉

尔商量，便急匆匆地赶到了丘吉尔的住处。因为事发突然，门卫尚未来得及通报，罗斯福就已经顺着从浴室传出来的丘吉尔的歌声，找了过去。结果门铃一响，丘吉尔光着身子去开门，自己的裸体也就完全呈现在美国总统的面前。就在那一瞬间，两国元首满脸尴尬。不过，还是罗斯福反应得快一点，说："我有急事找你，这下子可好了，我们这次真的能够坦诚相见了！"

丘吉尔的反应也很快，泰然自若道："总统先生，在这样的情形下会面，你应该可以相信，我对你真的是毫无隐瞒的。"

两个首脑的睿智对谈，轻松地化解了尴尬，还让双方的关系更上了一个台阶。从这个小故事中，我们会发现，幽默不仅用途广，而且价值很大。其实，不管是领袖之间的交锋，还是小人物之间的互动，幽默感都是增进双方情谊有效的润滑剂。

纳尔逊·罗利赫拉赫拉·曼德拉被尊称为"南非国父"，也是1993年的诺贝尔和平奖获得者，更在1994年当选南非总统。就是这样一位举世瞩目的伟人，也曾经有过不堪回首的往事：1962年8月，当时政府以"煽动"罪和"非法越境"罪判处曼德拉5年监禁，自此，曼德拉开始了他长达27年的"监狱生涯"。那么，他是如何挺过来的呢？据他自己所说，幽默通常都是他保持健康、消除寂寞最好的武器。他幽默的对象无所不包，比如囚禁他的看守、监狱里的狱友，甚至也包括他的亲人。

1975年，身在狱中的曼德拉首次被允许与他的女儿津姬见面。曼德拉入狱的时候，津姬才3岁，如今已经15岁了。

见面当天，曼德拉特意穿了一件漂亮的新衬衣，想把自己最好的一面展现出来。曼德拉知道，女儿对自己并不了解，见面后难免会不知所措。所以，曼德拉决定为和女儿的见面创造一个相对轻松的氛围。当女儿走进探视室的时候，曼德拉的第一句话就是："觉得我的卫兵怎么样？"说完后，他指了指旁边寸步不离的看守。津姬瞬间被父亲的幽默给逗笑了。

后来描述这次见面时，津姬特意强调了父亲性格中风趣幽默的这一点："正是父亲的幽默，让我和他一下子亲近了许多。"

幽默是一种生活态度，也是一个人人格魅力的体现，关键的时候，它也可以作为润滑剂，糅合人与人之间的关系。凡有人的地方，就存在着人际关系，即便是自己的亲生女儿也不例外。所以，随时准备好幽默，因为不知什么时候、什么场合就可以用到。

知心话

幽默是一种生活态度，也是一个人人格魅力的体现，关键的时候，它也可以作为润滑剂，糅合人与人之间的关系。我们当然不可能走到哪里都带着润滑剂，但只要你有心，走到哪里都可以展现幽默。

自嘲是最高层次的幽默

幽默向来被人们视为聪明人驾驭的语言艺术，而自嘲更是被很多专家视为"最高层次的幽默"。与一般的幽默相比，自嘲需要更高的智慧和勇气，这也是很多缺乏自信的人不敢自嘲的原因。既是自嘲，自然就谁也不伤害最为安全，可用它来消除紧张，活跃谈话气氛；在尴尬中自找台阶，保住面子；在公共场合获得人情味；在特别情形下亦能达到含沙射影，刺一刺无理取闹的小人的作用。或许也正是因为如此多的优点，自嘲也成为很多哲人经常运用的手段。

据说古希腊哲学家苏格拉底的妻子是个强悍的泼妇，经常对他发脾气，而苏格拉底也总是对旁人自嘲道："和这样的老婆住在一起好处很多，因为她可以锻炼我的忍耐力，加深我的修养。"一次，老婆不知何故又发起脾气来，大吵大闹，很长时间都不肯罢休，苏格拉底只好退避三舍。他刚走出家门，只见那位怒气难平的夫人突然从楼上倒下一大盆水，把他浇得像只落汤鸡。站在人群中的苏格拉底打了个寒战，不慌不忙地说："我早就知道，响雷过后必有大雨，现在看来果然不出我所料。"

苏格拉底的聪明之处就在于，他知道自己无法改变妻子，但又不能任由自己的情绪被妻子的脾气所左右，所以最好的办法就是自嘲。通过自嘲，苏格拉底帮自己解了围，也让周围的人意识到他的幽默，不能不说，这既是苏格拉底的智慧，也是他的生活修养。

我们都知道，凡幽默者多是那些待人宽厚、与人为善的人。他们往往不会故意与人为难，时时跟他人过不去，更不会无事生非。一般来说，他们遇事都会退避三舍，即使受到不公平的待遇或者遭到令常人难以忍受的冤屈时，往往也不会咬牙切齿地怨恨、愤怒地破口大骂，更不会拿出什么撒手锏致对方于死地。但是，他们会以其独有的宽容的方式来做出反应，也许会带一点嘲讽，当然更少不了自嘲。这样，他们往往就成了更高意义上的胜利者。

著名喜剧演员卡洛·柏妮有一次去餐厅吃饭，遇到一位老妇人。对方先是举起手，用手指在她脸上抚摸了一下，然后带着歉意说："我实在是没看出来你究竟哪里好看。"

面对老妇人无礼的举止、恶意的挖苦，卡洛并没有生气，而是接着她的话说："还是把你的祝福省下来吧，我看起来还没有你好看呢？"

我们可以设想一下，如果老妇人面对的是一个和她一样无礼、心胸狭窄的人，两人肯定会为此大闹一场。但是，卡洛是一名优秀的喜剧演员，她深

深地知道喜剧和闹剧之间的差异。她先是把老妇人明显带有贬低意味的话语说成"祝福",并劝其省下来不要用。然后卡洛坦然地承认自己确实不怎么好看,虽嘲笑了自己,但也挖苦了对方。事实上,卡洛利用这种幽默的方法既保住了自己的尊严,又表现出了自己的豁达。卡洛言语中既有引人发笑的成分,也有令人起敬的言语,对方听起来也应该会有反思。与卡洛相似,英国剧作家萧伯纳也是一位善于自嘲的高手。

在一次酒会上,萧伯纳碰到一位非常胖的牧师。牧师见萧伯纳骨瘦如柴,便挖苦道:"外国人见你这样瘦弱,一定以为英国人都在饿肚子。"

萧伯纳非常谦和地说:"或许是吧,不过外国人要是再遇到了你,一定会知道饥饿的根源。"

受人责难或者恶意讽刺的时候,一定要控制住自己的情绪。要知道,如果你愤怒了,你就陷入了对方的圈套。相反,如果你顺水推舟,通过幽默自嘲的方式予以反击,对方反而会觉得无趣。

有些尴尬可能是他人故意挑拨的,但也有一些难堪可能真的是自身造成的,比如身体缺陷、言行失误等。以身高为例,如果你的身材矮小而且有点发福,不妨说自己"体积小面积大"或者"浓缩的都是精华";如果你身材高大,在火车上遇到有个身材矮小的女士往行李架上放行李,不妨说:"我就身高这点优势了,现在不用,更待何时。"前一种自嘲可以化解自己的尴尬,后一种自嘲可以化解他人的尴尬。

自嘲会让说话者显得豁达,也会给人一种和蔼可亲的印象,自然也就更有人情味，更容易把话说到对方的心窝里。

 知心话

"横眉冷对千夫指，俯首甘为孺子牛"是鲁迅的自嘲；"博不精，专不透"是启功的自嘲。名人自嘲，非但不被笑，反而受人敬。当然，普通人的自嘲，只要够豁达，也能够产生相同的效果。

随机套用，玩转幽默

所谓随机套用，就是将自己熟悉的典故或者词汇等与身边的工作、生活紧密结合，或者依据所处的环境即兴发挥。随机套用的幽默方式不管是在影视作品中，还是现实生活中都很常见。

张大千是中国泼墨画家、书法家，被西方艺坛赞为"东方之笔"。他留着长须，为人幽默，谈吐诙谐。一次，有几位友人在张大千家里相聚，席间友人围绕他的长胡子讲了各种各样的笑话。不过，张大千一直沉默不语。等大家讲完了之后，张大千才清了清嗓子，说自己也要讲述一个关于胡子的故事：

三国的时候，刘备准备征讨东吴，而关羽的儿子关兴以及张飞的儿子张苞替父报仇心切，都想当先锋，随军出战。但是先锋只能有一个，刘备也左右为难。最后，刘备对两人说："这样，你们互相比一比自己的父亲，看他们谁生前的功劳大，谁就可以当先锋。"

刘备话语刚落，张苞就顺口说："我父亲曾经三战吕布，喝断当阳桥，夜战马超，鞭打督邮，义释严颜。"

轮到关兴的时候，因为心急，加上口吃，半天才说出来这样一句话："我父亲五缕长须……"

就在这时，关公伴随着一团白烟突然显灵。因为刚才听了儿子的话，只见他怒气冲天，大骂道："你这个不孝子，我生前过五关斩六将的事你不提，却在我的胡子上大做文章。"

讲到这里，在座的好友都大笑不止。针对友人对于他胡子的善意嘲弄，张大千并没有生气，而是通过套用三国的故事幽默化解。当然，这个故事肯定是杜撰的，不过这并不影响幽默发挥作用，事实上，很多套用的幽默素材都需要说话者本人适当地加工。除了故事之外，很多专用名词的套用也可以取得幽默的效果，而且比赤裸裸地陈述更有效。

我们在观赏马戏团里动物的表演时，经常会看到很多动物穿着人的衣服。之所以会这样，是为了加剧动物身上的喜剧效果，因为人和动物本身不同，把人的衣服套在动物身上，会产生一种不协调的美感，即便它们什么都不做，也能引人发笑。随机套用的说话技巧其实也大同小异，故意用一件东西来套用另一件东西，并使之在特定环境中产生不协调，从而带来幽默感。

有位记者到一个长寿村进行采访，并问了一位105岁的老人他长寿的秘诀是什么。只见这位老人眯着眼睛笑着说："要说这秘诀吗，还真是有一个，那就是'进出口平衡'。"老人的一句话把在场的人都逗笑了。其实，老人并没有打官腔、说空话，他只是把新陈代谢对身体的重要意义很巧妙地表达出来罢了。

随机套用要借助说话场景，但也要分清场合，不能随便乱用。有些套用虽然很恰当，但是会产生不好的效果，此时，说话者就要慎重。要知道，幽默只是一种说话的方式，把话说到对方的心窝里才是目的，如果说出来的幽默达不到这个目的，就最好别说。

知心话

幽默很少会提前准备，等到了特定的场合后再拿来用。事实上，很多打动人心的幽默都是临场随机发挥出来的。所以，要玩转幽默，就要练就随机应变的本领和巧妙套用的能力。

巧用双关语，幽默更自如

说到幽默，就不能不提到美国总统，因为他们中的很多人都是运用幽默技巧的高手，比如林肯、里根、奥巴马等。杜鲁门也是一个运用幽默的高手。据说有一次在记者会上，有记者问了他一个对经济学家看法的问题，他清了清嗓子说："我希望找到一个只有一只手的经济学家。"说完后，台下的听众都哈哈大笑。为什么他会有如此奇怪的想法呢？

原来，对于经济学家来说，100个人常常有100个以上的观点，而且这些观点可以很好地共存。重要的是，经济学家事事都要做诸多假设，讨论问题总是说"一方面……另一方面……"。杜鲁门也曾经被经济学家的含糊其辞折腾过。因此，杜鲁门所说的"只有一只手的经济学家"的言外之意就是批评经济学家总是模棱两可的见解，以及自己对获取准确建议的渴望。后来，人们常常用"独臂经济学家"来表达自己的无奈。

杜鲁门的话之所以幽默，给人印象深刻，是因为他运用了双关语。事实上，现实生活中同样一句话或者同一个音，因为场合、对象不同，言语中传

达出来的意思就会变味。有些词本身可能就包含着多重意义，在特定的场合会表现出与人们期望相反的意思。

有对刚结婚没多久的夫妻去餐厅吃饭，结果丈夫不小心点多了，吃到最后桌上还剩下很多菜。就在他们正要起身离开之际，服务员热情地走了过来，笑着递给他们一个食品袋，并说："二位先别急，还劳烦你们吃不了兜着走。"服务员的话音刚落，夫妇俩就"哈哈"笑了起来，然后接过食品袋把剩下的饭菜给打包走了。

"吃不了兜着走"一般是警告、威胁的意思，但服务员却结合当时具体的场景，把它的本意给表达出来了。在这种情况下，听者自然不会觉得对方在威胁，反而会被对方的幽默给逗笑，乖乖顺从。可见，双关语只要运用到位了，不但可以起到说服的效果，还能直通对方心窝，让其心甘情愿地接受。

法国大文豪雨果也说："双关语是飞舞着的灵魂的产物。"事实上，双关语最能发挥人们的幽默和风趣。

一对夫妻去一个美术作品展参观，刚看了没几幅作品，就发现前方不远处有很多人在围绕一幅画作悄悄讨论着什么。丈夫很好奇，也凑上去看，结果像被迷住了似的，站在那里不动。妻子也很纳闷，想看看到底是什么画有这么大的魅力。结果，当妻子也凑上去看的时候，发现原来是一副裸体美女图像，只是隐私部位被作者用几片树叶给盖住了。妻子有点害羞，想走开，但是发现丈夫还在看。不过，这位妻子并没有生气，而是在丈夫耳边小声调侃地说道："别看了，树叶要到秋天才能落呢？"丈夫这才意识到自己有点失态，便悄悄地和妻子离开了。

谁都知道，画作上的树叶是永远也不会凋谢的，但是这位机智的妻子却把画作上的树叶和现实中的树叶做对比，暗示自己的丈夫"别等了"。事实上，这样做既表达了自己不满的情绪，也没有让丈夫难堪。这样的双关语，可谓一箭双雕。

知心话

双关语是飞舞着的灵魂的产物，它不仅仅是言语的艺术，也是想象力的结晶。

化腐朽为神奇的语言魔方

　　1895年夏季的某一天，马克·吐温和他的朋友比杰尔夫人就世界上是否存在灵魂这一问题发生了激烈的争论。两人坚持己见，谁也说服不了谁。最后，比杰尔夫人讥讽地说："亲爱的朋友，如果一百万年以后，我们在天堂相遇，你是否会承认自己错了呢？"马克·吐温见朋友有点生气，便没有接话，两人各自回家。

　　第二天，马克·吐温派人给比杰尔夫人送去了三块石头，而且每一块石头上都刻着他写的诗句，分别是"如果一百万年以后，事实证明你是对的，那么我将公开地、坦率地面对你那可爱的、带着嘲笑的小脸，承认自己的错误""如果一不小心证明我是对的，到时候我会非常遗憾，因为我们已无法亲自对证""啊！有耐性的石头，既然你已经存在了几百万年，就劳烦你带着这封信再待上一百万年吧"。

　　收到三块石头之后，比杰尔夫人被马克·吐温的幽默深深打动，前日的不快也一扫而光。至此，两人关于灵魂的争论也停止了，而他们的友谊依旧像往常那么亲密。

朋友之间难免会有分歧，马克·吐温的做法就十分值得大家借鉴。适时幽默可以向对方展示自己的爱与宽容，自然很容易走进对方的心扉，所以通常能够在解决矛盾、化解分歧方面产生神奇的效果。

生活中难免会有各种磕磕绊绊，有的人总是喜欢剑拔弩张，把"战火"蔓延。相反，有的人总能够泰然处之，就像鲁迅说的"一笑泯恩仇"。我们现在所处的社会节奏非常快，忙碌的工作加上各种利益冲突，摩擦在所难免。如何放松紧张的情绪，化解烦恼，也是我们当下迫切需要解决的问题。事实上，学会幽默，就可以轻松应对。

两辆轿车在一条窄巷相遇，两个年轻的司机都没有后退让路的意思，结果双方就这样僵持着。对峙了一会儿之后，其中的一个司机索性关掉引擎，从包里取出一本超厚的小说，优哉游哉地看了起来。看到这种阵势，另一个司机从车窗探出头来，高声喊道："伙计，不介意的话，看完后也借给我看看。"

这样一句调侃的话，逗得看书的司机哈哈大笑起来。随后他合上书，主动后退，撤到巷子口处。另一个司机从旁边开过去的同时，微笑着递上了自己的名片，笑着说："我刚才可是认真的哦！"一个星期后，两人约好到一个咖啡馆见面，桌子上还放着一本书。再后来，两人成了非常要好的朋友。

幽默的调侃就是这样神奇，它可以消除矛盾，增进友谊。当然，幽默的作用从来都不是单一的，而是多元的，特别是对于从事销售工作的人来说，

幽默感往往决定着成交率。

蔡明是一家专门制造办公用品厂家的销售员，不仅口才好，而且思维敏捷。有一次他去一家广告公司推销一款"折不断"的T型绘图尺，边介绍边说："这种绘图尺，非常坚固，怎么折都折不断。"为了证明他说的话，他还当着两位经理和几位主管的面用力让尺子弯曲。结果用力过度，尺子"啪"的一声断成了两截。众人对眼前的场景顿时目瞪口呆，而且有位主管还偷偷捂着嘴笑。只见蔡明异常平静，没有对尺子断了做任何解释，而是又把断成两截的尺子举起，对着众人说："看到了吧，这就是尺子内部的构造。"

说完后，众人大笑，而蔡明也不虚此行，最后成功拿到了订单。

原本因为操作失误导致的尴尬，被蔡明用幽默轻松化解。人们或许还记得蔡明刚才说过的大话，但更加佩服他随机应变的能力以及化解尴尬的水平。不管是在街上与人搭讪，还是到写字楼推销产品，都难免会遇到一些突发事件或者尴尬的局面。懂得幽默，就能够让尴尬的局面发生神奇的逆转。

 知心话

面对生活中的各种分歧，弱者总是不自愿地妥协，愚者总是寄希望于强力，而智者却能够用幽默轻松化解。

132

只要调剂好情和理，说服就不再是难事 第七章

CHAPTER SEVEN

> 好学君："知心姐姐，你觉得道理和情感相比，哪一个更能够说服别人？"

> 知心姐："这要看具体的事以及面对的人。"

> 好学君："如果是说服家人呢？"

> 知心姐："情感为主，道理辅助。"

> 好学君："如果是说服陌生人呢？"

> 知心姐："情感优先，道理垫后。"

在说服他人的道路上，情感与道理从来都不会兵分两路各自为战，只有轻重缓急之分。所以，要想把说服的话说到对方的心窝里，就要懂得如何调配情感与道理的剂量。无情感，道理就是光杆司令；没道理，情感就是乌合之众。这，就是情和理的力量。

巧用情感补偿把话说到对方的心窝里

张雨涵有一个4岁的儿子，非常调皮。一天早上她在厨房做饭的时候，儿子拿着变形金刚让妈妈陪他玩。因为害怕炒菜的油溅到儿子身上，她就顺势用腿把儿子往边上拨了一下。结果没把握好力度，加上地上有水，儿子不小心滑倒了，额头还被旁边的暖气片划出了一道伤口。

看到额头流血，孩子顿时哇哇大哭起来，张雨涵也慌了神。她知道，光用创可贴是不行的，必须带孩子到医院包扎一下。不过，当她要拉孩子出去的时候，儿子抱着桌子的一条腿始终不肯松手，而且还哇哇大哭。此时，张雨涵变得暴躁起来，她想强行把儿子的手拉开，但是越这样做，孩子就抱得越紧，哭的声音也越大。就在这时，她突然想到自己前两天在一本书上看到的关于运用"情感补偿"来说服对方的办法，便决定在儿子身上试一下。

她蹲下来轻轻抚摸着儿子的手臂，然后问道："儿子，妈妈平时爱你吗？"

"爱。"儿子抽了抽鼻子，哭声也小了很多。

"妈妈会做任何伤害你的事吗？"张雨涵又问。

"不会。"儿子的情绪平静了许多。

"在我们长大成人的过程中，并不会一帆风顺，每个人都要做自己不喜欢的事情，是不是呢？"

"嗯！"儿子说。

"妈妈以前也受过伤，也包扎过，"张雨涵边说边把自己的袖子挽起，让儿子看自己的伤疤，"你是不是也应该像妈妈一样，做个勇敢的人呢？"

就这样，3分钟不到，儿子就松开了桌子，自己主动朝门外走去。

在这个故事中，有两点是非常清楚的。首先，孩子拒绝去医院是一种非理智的行为，因为这样做对他非常不利。不过，孩子年龄小，意识不到这方面的危害。其次，孩子之所以不想去医院是有原因的，可能是因为害怕疼，也可能是因为刚才被妈妈推了一下，心里面有怨恨的情绪。总之，孩子需要情感抚慰，而不是道理上的说教。此时，如果妈妈采取蛮力或者给孩子讲大道理，肯定会适得其反。还好，张雨涵很快地就意识到这一点，并决定采用"情感补偿"的策略。她先是问了一个让儿子无法拒绝的问题，让儿子意识到，妈妈是和他站在一边的。然后她再次通过"妈妈会做任何伤害你的事情吗"这个问题，让儿子意识到，去医院对他是有好处的。最后，妈妈拿自己的伤疤举例，鼓励儿子做一个勇敢的人。总之，妈妈给了儿子一系列情感补偿，这些补偿消除了儿子的恐惧，让儿子意识到妈妈爱他、理解他。

如果对方情绪不稳定，此时讲道理只会让对方反感，用强力也只能将矛盾激化，唯有情感补偿可以让对方平静下来，从而让你有机会把自己的观点传输到他的心窝里。其实情感补偿不仅适合于亲近的人，即使是陌生人，也

可以通过这种方法实现自己的目的。

一个阳光明媚的下午，祁林驾车和自己的未婚妻去一家珠宝店取他们定做的一串项链。因为并不会占用太多时间，他也就不打算把车开到地下停车场，但正好赶上周末，马路边上的车位基本上都停满了。就在他们犹豫不决的时候，正好看到有个人朝一辆停着的车走去，祁林就把车开到那辆车的前面，等着那人把车开走了后自己停进去。

不过，那辆车并没有立刻就开走，祁林通过倒车镜看到车的主人正坐在座位上打电话。大约过了5分钟，那辆车终于发动了，没一会儿就从祁林侧面穿梭而过。就在祁林打算把车倒进去的时候，另外一辆车从后面插进来，停在了那个空位上。透过窗户，祁林看到车里坐着两个光头的胖子。看到这一幕，未婚妻就对祁林说："算了吧，我们还是再找找别的停车位。"不过，祁林不这么想，他觉得可以过去交涉一下，并对未婚妻解释说："我刚才特别留意了一下开车的司机，发现对方并没有注意到我们，或许还有商量的余地。"

下车后，祁林先是镇定了一下，然后面带微笑地朝驾驶员一侧的车窗走去。他冲车窗内的司机挥了挥手，对方摇下车窗问道："什么事？"

祁林装出一副和对方很熟的姿态说："兄弟，我想你可能没有注意到我已经在这个地方等了很久了，所以，能让我用这个车位吗？"紧接着，他把手向自己车上的未婚妻指了指，又说："我可不想在我的未婚妻面前显得自己很无能。"顿了一下后，他接着说："当然，你完全可以做主，不管你做什么我都会非常感激。"

车上的两个人互相看了一下，又看了看祁林，其中一个说："好吧，没问题，我们这就开走。"

在说服对方的时候，祁林并没有威胁他们，也没有拿先来后到的道理指责对方，而是很坦诚地跟对方沟通。事实上，他这样做显示了自己的宽宏大量。或许日后，这两个人见到自己的朋友会炫耀着说："我们曾经帮助一个家伙，没让他在未婚妻面前丢脸。"事实上，宽宏的气度、炫耀的心理就是"光头男"从祁林那里获得的情感补偿。

有时候，想要说服对方，并不需要什么逻辑、道理，只需要拿捏好对方的心理，说些能抚慰、刺激他们情感的话语，就可以非常顺利地达到自己的目的。

知心话

情感补偿可以让对方平静下来，让对方倾听，让对方愿意更多地思考自己的利益。情感补偿可以让对方从一开始的非理性状态，一点一点地向一个更理想的结果靠拢。

先用真情赢好感，再用道理夺人心

中国有句老话："以情动人，以理服人。"有时候，仅仅依靠感情就可以成功说服他人；有时候，必须把道理说透了才能说服他人；有时候，必须把二者结合才能够成功说服他人。通常情况下，仅仅依靠感情就能够达到说服效果的往往是身边较为亲近的人，比如家人、朋友、同事等。需要讲道理才能够说服的往往是一些比较理性，而且相对固执的人，这类人可能是身边较为亲近的人，也可能是关系一般的人。借助情和理进行说服是一种比较大众化的做法，这种做法通常用于陌生人。

刘峰一家三口刚从国外回到北京，在朝阳某小区临时租了一套房子。刚住到小区没两天，刘峰就发现邻居家养了一条哈士奇。让刘峰感到诧异的是，邻居非但不给狗系狗绳，而且还放任它在小区里到处乱跑。虽然这条哈士奇看上去很温顺，但刘峰5岁的女儿因为被狗咬伤过，所以每次遇到没被主人牵着的狗都会非常害怕。本来看到小区里有很多小朋友在玩，刘峰的女儿还很兴奋，但自从看到有一条狗在小区里跑，她便再也不敢在小区里玩了，索性整天待在家里。

刘峰觉得这件事情必须解决，便敲开了邻居家的门。刘峰向邻居说明了来意，并以一种责备的口吻要求对方把狗拴起来，或者戴口罩。听完刘峰的诉求后，邻居非但没有表现出不好意思，反而说自己的狗很听话，从来没有在小区里咬过人。说完就把门关上了。

回到家后，刘峰的情绪有点失落，还向妻子方玲诉说他们的邻居很不近人情。不过，方玲可不这么想，她决定改天亲自去试试。一天下午，方玲看到邻居的狗又在小区空地上溜达，而且邻居也在现场，她便把提前从超市里买好的一包狗粮拿出来。见到邻居后，方玲主动向邻居打了声招呼，并做了自我介绍："您好，我是你的邻居，刚搬过来没多久，很高兴认识你。"

邻居见有人主动和自己打招呼，而且手里还拿着狗粮，自然很热情地应和。

"这是你家的狗吧，真漂亮。其实我以前也特别喜欢狗，而且在结婚之前，我还养过一条和你家的狗差不多大小的哈士奇。"方玲说。

紧接着，邻居把自己的狗猛夸了一顿，而方玲边听边拿着手里的狗粮喂邻居家的狗。两人聊了大概几分钟左右之后，邻居突然问道："既然你这么喜欢狗，为什么不自己也养一条呢？"

方玲见时机已到，便说："我结婚以前，确实很喜欢狗，但结婚后，特别是有了女儿后就很少接触狗了。医生说我女儿对狗毛过敏，而且以前被狗吓到过，有点心理阴影，所以我们基本上就很少带她到有狗的地方。"

听完后，邻居若有所思地看着自己的狗。方玲继续说："不过，如果狗系着带子，被主人牵着倒无所谓了。其实，大哥，今天来我还有一个小小的请求，就是看你能否也给你家的狗拴上绳子或者戴个口罩什么的。我们搬到这个小区快两个星期了，女儿一直不敢出来玩，她说害怕狗。所以，希望……"

还没等方玲说完，邻居就止住了她的话，略感歉意地说："啥也别说了，我不知道你家小孩这么怕狗，实在是不好意思。其实以前也有家长找过我，让我把狗拴起来，但他就像是在命令我似的，我也有点故意和他作对的心理。你放心，从今往后，凡出门，我都会用狗绳拴着它。"

方玲之所以能够说服成功，就是因为她在和对方的沟通中与之建立了感情。虽然这种感情很浅，但很真实。另外，重要的一点是，她是以一种商量的口吻与邻居沟通，给予了对方充分的尊重。所以，对方答应得也非常痛快。当然，感情和尊重并非是孤立的，事实上，要建立感情，特别是在陌生人面前，最快捷、最有效的办法莫过于给予对方尊重。很多人之所以说服失败，就是因为口气太强硬，没有考虑到对方的自尊，结果导致关系恶化，说服之事也就泡汤了。

 知心话

当你该讲感情的时候讲道理，就会讲得举步维艰；该讲道理的时候谈感情，感情反而渐行渐远。我们需要做的是抓住时机，顺应形势，实现感情与道理在说话中的价值。通常情况下，"先建立感情，再讲道理"是最有效率的说话方式。

信息量承载着说服力

1787年5月25日至9月17日，美利坚合众国制宪会议在当时美国最大的城市费城举行。会议的进行并不顺利，赞成派与反对派激烈的争论让讨论变得白热化，到最后甚至演变为人身攻击。就在这时，富兰克林站了出来，不慌不忙地对反对派说："实话说，对这个宪法我也并非完全赞成。"

听到富兰克林这句话，会议室内混乱的情形立马就停止了，那些反对派一个个睁大眼睛看着富兰克林，感觉不可思议，因为大家都知道富兰克林向来是支持宪法的。富兰克林顿了一下，接着说："我对于自己赞成的这个宪法并没有信心。也许在座的各位对宪法里面一些较细的条款还有异议，但实不相瞒，我此时也和各位一样，对这项法案是否正确也持怀疑态度。我就是在这种态度下来签署该法案的。"

富兰克林这番话，很快就让反对派不信任的情绪平静了下来。

说服他人，特别是那些情绪激动的人，很考验说服者的能力。但是，富

兰克林却用寥寥几句让原本暴躁的反对派平静下来，这不得不让人们反思。如果我们仔细分析富兰克林的话，会发现他寥寥数语里却包含着非常大的信息量。比如，即便他属于赞成派，依然怀疑自己赞成的宪法。也就是说，他和怀疑派的想法是一样的。他之所以赞成宪法，是因为眼下没有十全十美的选择。富兰克林并没有把这些信息很直观地反馈给反对派，但他的意思却一目了然。

要想把话说到对方的心窝里，有时候并不需要苦口婆心地唠叨，只需要稍微动一下脑子，让对方反抗的情绪有适度的依靠，就能轻松化解对方的对立情绪，成功说服他。

1. 传递信息的重要性

说服他人有多种方法，比如有些人会选择苦口婆心的劝诫，有些人会用利益交换，还有些人会选择稍微暴力式的威胁。相对于通过向对方传达让他认可你的信息，以上方法都算是"下策"。当然，如果你为了达到向对方传递信息的目的，结果啰啰唆唆地讲个没完，那么最后很可能以失败告终。所以，传递信息很重要，关键是你的话要有层次、有内涵，让对方耳目一新。

日本曾经有一位非常善于通过名片来传递信息的人寿保险推销员，他的具体做法很简单，就是在名片上印着这样一个数字：76600。每次客户接到他的名片都会问他，那个数字是什么意思。这位推销员通常会反问对方："你一生中吃几顿饭？"当然，对于这样的问题，几乎没有一个人能够答上来。推销员接着便开始向对方传递信息："我亲自算过，我们一生会吃76600顿饭。

假如退休年龄是55岁，那么按照我们国家的平均寿命计算，你这辈子还能再吃19902顿饭……"通过这种方式，这位推销员总是能够引导原本没有投保意愿的人意识到人寿保险的重要性，从而在他这里买上一份保险。

视觉是人们接收信息的主要途径之一，所以为这类人营造一个特殊的景象就成了传递信息的重要方法。上面这位寿险推销员先是用一个数字"刺激"客户，然后让客户主动发问。这样，他通过"一生吃几顿饭"这种虚拟的画面映射出买保险的重要性，不仅让信息的传递合情合理，而且更有可信度。

2. 传递信息的方法

传递信息的方法很多，但是大量传递信息时会有诸多限制。既然我们已经知道了传递信息在说服对方时的重要性，就应该搞清楚如何才能用最简短的语言向对方传递尽可能多的信息。

（1）借助数字。借助数据进行说服在人们的日常工作和生活中非常常见，比如销售员在说服顾客购买某个产品的时候，除了使用"经久耐用"和"安全卫生"这些常用的词汇之外，还会使用诸如"15道工序""3次严格的卫生检查""连续使用3万个小时"等数据词汇。与那些空洞的自夸式宣传相比，这种将数据直观呈现的方式更能打动顾客的心。

当然，有时候人们也会遇到这样一个问题：明明已经把基本的信息告诉了对方，而且这些信息也非常准确，丝毫没有夸张的成分，为什么对方还是不相信。事实上，遇到这种情况，说服者就应该考虑使用精确的数据这种更加直白的方式来打消对方的疑虑。

曾经有一位女国会议员发表了一次呼吁女性在政治生活中赢得平等地位的演讲。她在演讲中这样说："几个星期前，我在国会倾听总统发表的讲话，当时坐在我周围的700多位政府要员中，只有12位是女性；在435名众议员中，只有11位是女性；内阁以及最高法院没有一位女性。"

最后，这位女国会议员的演讲获得了听众的高度认可，而且也在社会上引起了广泛的讨论。其实，国家政治事务中男女比例失调的问题每一个人都会意识到，之所以没有引起大家关注，是因为人们的意识是模糊的。这位女国会议员给出的数据是真实的，而且对比非常明确，刺激了大众的神经。

（2）活用典故。与长篇大论的道理相比，人们更感兴趣的还是他人的故事。可以这样讲，我们就是在听着形形色色的故事中长大的，比如各种寓言、成语故事等。要想把话说到对方的心窝里，很有活力的工具就是讲故事。当然，为了让故事更具有说服力，名人典故自然是明智的选择。

孔融让梨的典故被用来教育人们凡事应该懂得谦让，涤亲溺器作为二十四孝中的典故，也经常被用来告诫晚辈要懂得孝顺。这些典故虽然情节简单，但背后传递出来的信息量却非常大，故而说服效果也极佳。

（3）信息轰炸的奇效。信息固然承载着说服力，但是如果你缺乏相应的信息，那么你的说服力也会大打折扣。所以说，一个好的说服者不仅要懂得说服的方法和技能，掌握相应的信息也是非常必要的。说服者如果可以把这些信息为己所有，并能灵活运用，说服效果都会异常顺利。当然，为了减少对方思考的时间，规避犹豫、反悔的风险，就需要把你已知的信息尽可能展现出来。

陈子轩是一家4S店的汽车推销员，正在接待一位潜在客户。要在平时，他多会采取稳扎稳打的战术，慢慢说服对方购买，不过这个月眼看着就要结束了，但自己的业绩还差了一大截，于是，陈子轩决定"逼"一下对方，下面便是他们的对话。

客户："这辆车看起来不错，不过我还需要再仔细考虑一下。"

陈子轩："这个我可以理解，如果你对这辆车没有好感，肯定也不会在它身上浪费这么多时间的，对吧？"

客户："是呀！"

陈子轩："既然这样，那你还在考虑什么呢？相信你对我们公司的信誉以及该车的性能都没有什么疑虑了吧？"

客户："这倒没有。主要是车的价格方面，我需要再斟酌一下。"

陈子轩："如果分期付款的话，你希望每个月负担多少？"

客户："每个月不超过3000元，不过按照目前这辆车的价格，我每个月要还款至少4000元。"

陈子轩："如果还款金额降到3500元，你会选择这辆车吗？"

客户："这个……"

陈子轩："先生，你也知道机会是不等人的，我们这次的优惠活动后天就结束了，如果你到时候再想买，多花的钱够你在小区里租一年的车位了。这辆车刚才你也试驾了，性能、安全保障、售后服务都不错。刚才你也说这辆车确实不错，对吧？"

客户："是的。"

陈子轩："那好，正好我们财务经理还在办公室，如果今天购买，还会有

一些超划算的赠品要给你。要不，我们到经理财务室办理一下相关手续吧？"

客户："好的。"

陈子轩的这套说辞并不是温和地阐述自己的目标，而是利用自己刚强的性格以及专业的素养来"逼迫"对方。在当时的处境，客户的耳朵里充斥着陈子轩传递给他的大量信息，让他没有办法独立思考，最后只能答应。

知心话

俗话说："知己知彼，百战不殆。"这条军事上的准则用在说服他人方面则是信息的收集、整合，比如你知道对方需要什么，那么就可以说什么。

强大的亲和力让你的说服更有力

说到亲和力，很多读过《红楼梦》的读者都会想到薛宝钗。虽然人们对薛宝钗的评价褒贬不一，但是谁也无法否认她确实是一个让人喜欢的女人。正是因为薛宝钗的亲和力，让向来心直口快的史湘云都对其大加赞赏。当然，亲和力的价值远不止于赢得称赞，它在成功说服他人方面也发挥着非常关键的作用。

同样一句话，如果以一个陌生人的身份说出来肯定没有亲朋好友效果佳。之所以有这种差异，原因就在于与亲朋好友相比，听者与陌生人没有感情纽带。相反，如果有一定的感情纽带，那么说出来的话自然就有亲和力。当然，这并非说只有在亲朋好友面前才能表现出亲和力，事实上，作为一种特别的气质，亲和力也是可以培养的。

对任何一个人而言，强大的亲和力都不是短时间内就能构建起来的。不过，如果掌握了一些方法和技巧，还是有可能瞬间提升亲和力的。下面便是几种提升亲和力的具体做法。

1. 塑造与听者对等的形象

所谓塑造形象，并不是说要你具备天使的面孔或者魔鬼的身材，而是要衣着大方，言辞得体，不要与谈话对象有太大的差距。如果你的形象与谈话对象对比太过低端，就无法引起对方的重视；如果你的形象与谈话对象对比太过高端，就会让对方产生自卑感，亲和力自然无从谈起。

2. 说服方式和内容要做到因人而异

人们在选择倾诉对象的时候，往往会有这样一种倾向：选择那些与自己比较接近的人。这种接近不仅仅包括形象、气质、性格等，甚至也包括兴趣爱好、语速等。当然，作为说服者，并不是对方在选你，而是你在说服对方。此时，为了达到说服的目的，你最好按照对方期望的样子与对方讲话，比如面对性格内敛的人，你不妨说得委婉一点，面对语速较快的人，你的语速最好也快一点。不管是说的内容还是方式，只要和对方保持一致，效果都会立竿见影地表现出来。

3. 善于观察，注重细节

提升亲和力的一个关键方法就是注意说服对象的细节，尤其需要注意说服对象的痛苦和需求。比如看到对方眼神飘忽不定就要询问，看人家是否有其他事情急需处理；如果对方捂着肚子，可以适当地关心一下，看对方是否身体不适。做到了这些细节，你们的关系就会更加亲密，即便这次说服不成，下次见面也能更好地进入话题。

张旭是大连一家事业单位的主任，手头有一个到深圳出差的工作需要分配下去，他便找来了正在单位实习的大学毕业生李阳。因为张旭的脾气很好，平时也喜欢和下属开一些玩笑，所以下属一点都不怕得罪张旭。特别是李阳，因为父亲是一家银行的副行长，自己平时说话办事也都很少把别人放在眼里。当张旭把出差的任务告诉李阳后，李阳皱着眉头说自己有点私事，最近不能离开武汉。于是，张旭便展开了自己的"亲和力攻势"，下面便是他们的对话：

张旭："李阳啊！（直呼其名，而不是叫他'小李'什么的，显得自己没有领导作风，更容易降低李阳的心理防御门槛）这次出差是上级特意安排给咱们部门的，如果你不去，我怎么向上面交代呢？"

李阳："不是还有唐斌、刘莉他们吗？他们怎么不去？"

张旭："你知道我为什么要派你去吗？"

李阳："不就是嫌我最闲了吗？"

张旭："实话跟你说吧，这次去深圳可是一个大好的机会啊，我也是有心想让你出去见见世面，顺便锻炼一下。如果你不辱使命，说不定回来就可以转正了。"

李阳："不过我真的有事，如果缓两天去，我肯定没意见。"

张旭："什么事，说出来听听，看我能不能替你办了？"

李阳犹豫了一下，低着头继续说："领导，你的好意我领了，不过我真的不太想去。"

张旭的脸上没有半点生气的痕迹，依然微笑着说："不用叫领导了，你看我现在的样子还像领导吗？如果你不去，总不能让我这把老骨头亲自飞那么远去出差吧？"

听张旭这样一讲，李阳的心顿时软了，说："得了，大哥，你千万别这样

说，出差这种'粗活'还是让小弟来做吧。说吧，什么时候出发？"

或许有人觉得，这样当领导实在太憋屈了，但不可否认的是，在有些单位有些场合，就需要这样的领导。有时，处理矛盾，这种有亲和力的领导更有优势。

如何提升自己的亲和力：1. 避免无休止的争论；2. 避免与别人较劲、意气用事；3. 避免得理不饶人，产生怨气；4. 不要认为对方不可理喻，我们自己需要重新准备；5. 不要抓住对方的错误不放，让人走投无路；6. 不要直接指责对方不能理解，否则就是直接激怒对方。

因势利导，迂回说服意志不坚的人

有时候，直来直去的话语很难达到令人满意的效果，此时就需要做一些铺垫。其实，言语中的铺垫就是为了诱导对方一步步踏入自己设的"圈套"中。诱导和铺垫从某种程度上讲也是对等的，而我们只有采取迂回策略引诱对方，才能为接下来的说服工作做好准备。所谓诱导，就是有条理、有逻辑、有耐心地进行引导，让对方主动思考，真正想通、弄懂。我们经常说"与人说理，须使人心中点头"，诱导说理，对方自然会被说服。

俄国的十月革命刚刚胜利的时候，象征着沙皇统治的皇宫被革命军占领。当时，很多农民拿着火把要把这座举世闻名的建筑烧掉，以此来发泄他们心中对沙皇的痛恨。很多工作人员出面干预都无济于事。

得知这个消息后，列宁马上赶到了现场。面对着义愤填膺的农民，列宁非常真诚地说："农民兄弟们，皇宫固然可以烧掉，但是在烧掉之前容我先问大家几个问题。"

听了列宁的话后，大家的情绪略有舒缓，因为大家都认为列宁并不反对把皇宫烧掉。随后，列宁用非常平静的语调问道："原来是谁住在这里？"

农民们异口同声地大声答道："是沙皇统治者。"

列宁点了点头，又问道："那又是谁把它修建起来的呢？"

农民们用一种坚定的口吻说："是我们人民群众。"

列宁又问道："好，既然是我们人民群众建起来的，那就让我们人民群众的代表住在里面，你们说，如何？"

听到这里，农民们纷纷点着头。这时，列宁又微笑着问道："那皇宫还烧吗？"

"不烧了！"大家齐声答道。

就这样，皇宫在列宁巧妙的引导下保住了。

面对愤怒的农民，如果列宁单刀直入地进行劝说，就很难平复他们心中的愤恨。但是，列宁只用了四个问句就把问题解决了。之所以会有这样的效果，是因为列宁并没有把自己放在说服者的位置，而是通过"皇宫固然可以烧"来向大家宣誓：他和人民群众是一起的。当然，事后证明，这只是一种铺垫，是一种因势利导的方法。

说服他人的时候，要懂得做铺垫，而铺垫的目的是更好地将对方的思维引导到自己为其设置的"陷阱"中去。列宁的铺垫就是让人们意识到皇宫是人民群众建造的，如果烧掉，就等于烧掉了人民群众的劳动成果。另外，他很巧妙地把大家的思维从"皇宫以前是谁住的"引导到"皇宫以后由谁来住"。当大家的思维转变过来之后，说服的目的基本上就达成了。

说服过程中，如果总是强调自己的优点，企图通过这种心理上的落差让对方顺从，不能说不可行，但成功的概率不大。很有可能的结果是，对方的防御心理加大，说服难度增强。所以，适当暴露一下自己的缺点，给予对方一定的优越感，再提出要求，或许更能俘获对方的心。

不管是生活中说服朋友，还是工作中说服客户，不妨多做些"示弱"的铺垫，或许会达到意想不到的效果。要知道，如果一开始就提出太大的请求，就会遭到对方果断地拒绝。所以，无论是求人办事，还是说服顾客，一定要一点一点地引导，关键在"诱"，重点在"导"。那么，涉及具体场景时，究竟该如何做铺垫、巧诱导呢？

1. 请教式诱导

请教在人际交往中往往扮演着非常奇妙的作用，它可以助自己解惑，也能够拉近双方的关系，更重要的是，它可以打破对方的防范心态。另外，用请教的方式与对方说话，还会让对方的自尊心得到满足，你也更容易赢得对方的信任。一旦信任建立了，接下来的说服就水到渠成。

有位二手汽车推销员带着一位顾客看了他们公司的各种型号的二手车，顾客对其中的一款非常感兴趣，但就是拿不定主意是否要买。顾客围着那辆车转了一圈又一圈，一会儿说方向盘有点大，一会又说座椅不是皮的，一会儿又抱怨价格太高。推销员凭着自己多年来的经验，感觉顾客这是在通过挑剔争取价格上的优惠。不过，推销员一直没有松口。

几天之后，又有一位顾客看上了那辆车，推销员赶紧给上次那位顾客打电话，希望他可以过来给自己提点意见。第一位顾客来了之后，推销员对他说："我知道你对汽车很在行，而且人也很精明，你以前也试过它的性能，你

觉得我这辆车多少钱卖出去才划算？"

这位顾客脸上泛起了笑容，围着车子转了一圈后说："依我看，两万元买下这部车子，他就不会吃亏。"

顾客说完后，推销员紧接着就说："如果我以这个价格把这辆车卖给你，你是否愿意买它？"

就这样，上次拖了两个小时的生意，现在十分钟不到就成交了。

请教式诱导运用起来其实很简单，特别是有经验的销售员特别擅长通过这种方式打消顾客的疑虑，并取得他们的信任。

2. 类比式诱导

所谓类比，就是借助事物之间的相似性，推己及人，让对方主动意识到事情发生的不可操控性。这样，他就会回到事物本身，接受劝说者原来的建议。在人际交往中，类比是一种很常见的说话技巧，也是因势利导最常用的方法。人们在说服他人的过程中，借助类比做铺垫，能让当下的处境更形象化，也更有利于他做出正确的决策。

一个人要想成功说服他人，那么无论在什么场合下都要明确自己的立场，明白自己的目标，并知道应该采用什么样的说服方式。对于因势利导，用通俗的话讲，就是"有条件要充分利用，没有条件也要创造条件利用"。

 知心话

防洪有两种策略：一种是硬堵，一种是巧疏。事实上，说服他人的道理也差不多，要么威逼利诱，要么因势利导。

话语委婉，让双方沟通更愉悦 第八章

CHAPTER EIGHT

好学君："为什么有些话要直说，有些话要拐个弯说？"

知心姐："因为有些人用情感处理信息，有些人用理智接收信息。"

好学君："那么，哪些话应该直接说，哪些话又适合委婉地说呢？"

知心姐："很简单，诸如赞美之类的好话最好直接说，而像批评之类的话最好拐个弯说。"

好学君："如果是向领导或者朋友提意见呢？"

知心姐："那要看你们之间的关系。关系好，就直说；关系一般，就委婉地说。"

直言固然容易进入对方的耳朵，但很难走进对方的心窝；委婉固然会耗费很多的精力，但更容易被对方接纳。这是委婉的价值，也是含蓄的风度。

直言是刀，婉言如蜜

在与人交往的过程中，我们经常会遇到一些自称"直肠子"的人，他们最明显的特征就是凡事有话直说。不过这种直肠子的人也普遍存在着这种共性：人缘不是很好。

吴萱刚大学毕业，在一家互联网公司实习。她个性比较强，说话也无所顾忌。和她一起进公司的另外两个同学，在实习两个月后都转正了，而吴萱在工作了5个月后依然没有转正。更悲惨的是，虽然大家平时上班的时候都对吴萱和和气气，但是下班后，大家都躲开她，平时周末有什么活动也没人邀请她。

终于有一天，吴萱的不满情绪因为同事的一句话爆发了。她径直来到经理办公室，连门都没敲，就冲着经理嚷道："为什么和我一起加入公司的刘丽、潘彤都转正了，我还没有转正，难道我的能力比不上她们吗？经理，请给我一个合理的解释。"

当时正在处理文件的经理被吴萱吓了一跳，不过他并没有回答吴萱的问题，而是让她把门关上，并亲自给她冲了杯咖啡。就在这短短不到2分钟的时间，吴萱的情绪就被经理的举动给抚平了，她开始产生一种羞愧感，感觉自己刚才的言行实在是太鲁莽了。

"你知道我为什么能够坐到经理这个位置吗？"见吴萱的情绪稍有和缓，经理问道。

"不清楚。"吴萱低下头，始终不敢正眼看经理。

"你知道吗，我三年前进入公司的时候，一直到6个月才转正。我也经历过和你一样的情感落差。不过我并没有像你这样冲到经理办公室质问我没有转正的原因，而是比以前更勤恳、更努力。结果，没过多久就转正了。其实你的能力和刘丽、潘彤没有什么差别，只是你平时说话太直了，从来都不顾虑别人的感受。比如刚才你连门都不敲，站在那里和你的领导以那种口吻说话，哪个领导不生气？如果我也像你一样，和你对吵两句，那么你觉得自己日后还有脸面再在公司待下去吗？"经理顿了一下，接着说，"其实'直言'并不是说就不好，它也是人性中可爱的一面，有值得大家珍惜的特质，这样的人往往为人豪爽、爱憎分明。即便如此，直言也要讲究场合，注意分寸，否则它只会伤人伤己。"

听了经理的教导，吴萱像换了个人似的，站起来向经理鞠了个躬，然后非常诚恳地说："经理，我错了，其实我很早就意识到自己的问题，只是没想到问题会这么严重，我保证从今以后，会改进我的说话习惯，争取早日转正。"

吴萱并非个例，生活中有很多这样的人。他们都能够意识到自己在说话

方面的问题，但总是忽视这种不良习惯的负面影响，进而纵容自己的习惯。我们都知道，要想把话说到对方的心窝里，就要尊重对方的情感，考虑对方的感受。事实上，直言的人往往只考虑到自己的不吐不快，而不去考虑旁人的立场、性格、观念。这些人的话有可能鞭辟入里，但也正因为如此，这样的话通常直指核心，让当事人采取自我防御的措施，甚至会对说话的人怀恨在心。所以，直言不论是对人还是对事，都有可能让人受不了。

从另外一个角度分析，我们也会发现，喜欢直言的人一般都具有正义倾向的性格。不过，他们的这种性格也很容易被别人利用，比如有人鼓动你去揭发一些不公平的事，告发一些不守法的人等。不管结果如何，这种人总容易成为牺牲品。

与直言相比，委婉的表达方式在批评、拒绝或者提建议的时候特别有效，不仅不会伤害对方的感情，还能够拉近彼此的距离。

章乐和丈夫已经结婚两年有余，这两年的时间内，章乐经常会为一件事生闷气：丈夫每次上完厕所都不合上马桶盖儿。因为担心家里养的猫不小心掉进马桶，所以每次章乐看到丈夫没盖马桶都会大声提醒他：盖上马桶盖儿。

每次说完后，丈夫都会很不情愿地盖上马桶盖儿，结果第二天又会变成老样子。章乐也曾想过放手不管，但每次看到开着的马桶盖儿，她就忍不住会生气，结果还是要和丈夫拌嘴。后来，她把自己的苦恼告诉了一个闺蜜，对方给章乐出了一个绝招。

当天晚上，当章乐看到丈夫又没有盖马桶盖儿的时候，她并没有只是简单地让丈夫盖上，而是说："今天听一个同事说，用完马桶盖儿如果不把盖子合上的话会丢失财运的。"

章乐发现，丈夫听完她说的话表情上并没有什么变化，不过接下来几天，丈夫在没有章乐提醒的情况下自己把马桶盖儿合上了，而且以后几乎天天如此。

委婉的表述有时候就是这么简单，同样的意思，换种说法，就能够产生奇迹。委婉的表述在用于拒绝的时候更有效，比如朋友约你吃饭，如果你直白地说"抱歉，我还有工作要做"，对方即便表示理解，也会觉得你为人傲慢，或者对朋友不够重视。相反，如果你说"对不起，我临时有个非常重要的工作要完成，不过，我更期待着见你了"，把原本赤裸裸地拒绝稍微委婉地包装一下，就会让对方的心情变得像是吃了蜜一样甜，而你们的关系也会因此而更加亲密。

__ 知心话 _____

与直言相比，委婉的表达方式在批评、拒绝或者提建议方面所起的作用不容小觑，不但不伤感情，还能够拉近彼此的关系。

正话反说，心窝话更含蓄

正话反说又称"反语"，就是运用和本意相反的词语来表达此意，却含有否定、讽刺以及嘲弄的意思，是一种带有强烈感情色彩的修辞方法。事实上，把这种修辞用在拒绝、批评或者提出建议的时候，不仅可以达到委婉含蓄的目的，还能够激起对方更大的反思。

西汉时期，汉武帝的一个乳娘好管闲事，经常惹汉武帝不快。最后，汉武帝决定把她迁出宫外去住。

这位乳娘已经在皇宫生活了几十年，很不愿离开宫廷生活。就在她忐忑不安的时候，突然想到了大臣东方朔。此人是汉武帝的红人，而且乳娘也从别处听说他言词敏捷、滑稽多智，希望能帮助自己在汉武帝面前说几句话。

乳娘把自己的想法告诉东方朔后，对方给她出了一个计谋："如果你真的想留在皇宫，就在皇帝派人将你带走的时候，不断地回头注视他，千万不要说什么话。只要你照这样去做，兴许还有一点希望。"

这一天到来时，乳娘按照东方朔的交代，满眼泪水，回头向汉武帝看了好几次。东方朔故意大声说："乳娘，你赶紧走吧！皇上现在已经用不着你喂奶了，你还犹豫什么呢？"

一听东方朔这几句话，汉武帝顿时十分伤感。想到自己是吃她的乳水长大的，而今她又没犯什么大错，自己却要将其驱逐出宫外，汉武帝竟有点羞愧。结果，乳娘还没走远，汉武帝就收回了成命。

东方朔非常巧妙地利用了反语，表面上看是让乳娘赶紧走，实际上是想激起汉武帝的怜悯之心。另外，当东方朔说出"已经用不着你喂奶了"这句话的时候，正是借此向汉武帝暗示，他是吃乳母的奶长大的，现在仅仅因为老人的一些小毛病就要把她赶出去，岂不成了忘恩负义之徒？这样，东方朔通过正话反说，成功地达到了规劝汉武帝的目的。

通过这个例子，我们会发现正话反说有时候会起到非常关键的作用。试想一下，如果东方朔只是生硬地替乳娘求情，会产生什么样的后果？最有可能的结果就是，乳娘不但不会得到汉武帝的赦免，甚至还会给自己招来麻烦。但是用反语就不一样，它可以间接刺激汉武帝的同情心，让对方意识到自己做得有点过分了。事实也证明，正话反说这一招的确很有用。其实正话反说不仅可以用来替人求情，有时候也可以用来发表自己的意见、建议。

李文杰是一家贸易公司的业务经理，因为近几个月的业务量非常大，包括他本人在内的整个部门经常加班。虽然李文杰也感觉很累，但自己毕竟是部门领导，总要发挥出表率作用，所以他从来不在总经理面前提工作量大

这回事。不过，他部门的业务员可受不了了，随着业务量的加大，大家纷纷在李文杰面前抱怨，说公司既不招人手，也不涨工资，再这样下去，即便不离职也该累病了。至此，李文杰才意识到问题的严重性。不过，究竟该怎样向总经理提这个事情呢，总不能赤裸裸地把员工的意见反馈给总经理吧。最后，他想出了一个妙招。

在一次中层领导会议上，李文杰当着各部门经理的面，向总经理说："我对你有意见。"

听到这里，大家纷纷瞪大眼睛看着李文杰和总经理，感觉一场暴风雨即将袭来。不过，李文杰话锋一转，继续说："我觉得你实在是太不爱惜自己的身体了，工作起来就像是玩命一样。要知道，身体是革命的本钱啊！"

听完李文杰的"意见"后，总经理给了他一个善意的微笑，并把会议接下来的议题转移到解决公司加班现象日益昌盛的问题上。会议结束时，李文杰高兴地把总经理特批的两个好消息带回了自己的部门：一个是公司将扩大他们部门的规模；另一个是在月底的时候，给他们部门提供一次去云南旅游放松的机会。

其实在这个故事中，李文杰的一句反语有两个层面的意思：一是，他以对领导有"意见"为切入点，而实际上说出来的却是关心的话；另一个层面的意思是，他并不是真正地关心领导，只是通过关心领导来映射公司存在的加班文化。换句话说，李文杰先通过"意见"这一反语引起领导的重视，然后再用"领导加班"这一反语来引出"员工加班"的现象。就结果而言，这样的正话反说很巧妙，也很含蓄。

正话反说固然好用，但在现实生活中不宜多用，只要能让对方明白你的意思就可以了。运用反语的技巧说话时最好幽默风趣，这样不但不会让气氛紧张，而且能让效果加倍。相反，如果你板着脸，或态度生硬粗暴，反语只能引起对方的反感和愤怒。

知心话

所谓正话反说，就是说出来的话所表达的意思与字面意思完全相反。如字面上肯定，而意义上否定；或字面上否定，而意义上肯定。其实，就是对某一话题不做直接回答，而是另辟蹊径，从反面来说，使它和正话正说殊途同归。

暗示的调侃胜过直接的批评

如果你是父母，生活中难免会碰到孩子不听话的时候；如果你是领导，工作中也难免会碰到下属做错事。即便是陌生人，也经常会因为言语、行为伤害到自己。此时，如果不对他们进行适当的批评教育，同样的错误下次可能还会再犯。但是如果你的批评不公正或者过于苛刻，对方会用行动对抗你。所以，即便是批评他人，也要讲方法。要想让批评达到预期效果，就要把批评的话说到对方的心窝里，而暗示就是一个非常好的方法。

据某单位的几位老同志反映，晚上住在机关宿舍楼上的年轻同志不安静，导致楼下的老同志们都睡不好。机关领导某天叫来了这几个年轻人，闲聊了一会儿后，给他们讲了一个笑话：

有个老头患有神经衰弱的毛病，稍有动静，就难以入睡，恰好楼上住了一个经常上夜班的小伙子。这个小伙子每天下班回到家里，都习惯性地把脚一甩，让鞋子呈抛物线式的自由落体。因为楼层的隔音效果不好，结果每次鞋子落下的时候，都会发出"咚、咚"的声响，而且每次都让好不容易刚入睡的老头从睡梦中惊醒。

后来，老头向居委会反映了这一情况，居委会也把情况告知了小伙子。结果，小伙子当天晚上回家后，刚习惯性地踢出去一只鞋，突然想起来楼下还有个神经衰弱的老头，便用手脱下第二只鞋，并轻轻地放好。第二天一早，老头直接找到楼上的小伙子，埋怨地说："平时听你甩出去两只鞋，我还可以重新再入睡，昨晚你留下一只不甩，害得我等你甩第二只鞋等了一宿。"

笑话讲完后，几个年轻人先是哈哈一笑，很快也就悟出来笑话所指，以后就把之前的毛病都改掉了。

批评的话是否说到心窝里了，主要看效果。效果达到了，批评的话就算是说到对方的心窝了；如果批评的话语没有达到预期的效果，那就说明没有说到听者的心窝。批评不同于一般的赞美、安慰，它的目的性更强。越是在这种情况下，越需要谨慎、小心，也越需要委婉。暗示固然需要一定的技巧，但绝对"物超所值"。特别是对于那些有自知之明的人，采用暗示的方式是最好不过的了，因为这样做不仅可以达到批评劝说的目的，还不会产生无谓的伤害。

美国作家马克·吐温以幽默著称，他就很擅长运用暗示方法批评他人。一次，他乘坐火车前往一所大学做演讲，结果火车开得实在是太慢了，眼看着就要迟到了，他心里也很着急。这时，来了几位列车员准备查票，马克·吐温找来一张儿童票，等到列车员查到他时，就把儿童票递给了对方。列车

员也是一个很幽默的人，看了票后调侃着对马克·吐温说："没看出来，原来你还是个孩子。"马克·吐温耸耸肩，无奈地说："我买票时是个孩子，不过，现在都已经长大了。"一句幽默风趣的话既表达了马克·吐温对火车开得太慢的不满，也不至于让对方觉得难堪。

将批评的话换种方式表达，或者绕个弯子幽默地表达出来，无论是对批评的人，还是对被批评的人，心理上都不会承受太大的负担。大家相视一笑，彼此心领神会，既达到了批评的效果，又不伤害双方感情，可谓一举多得。要知道，批评的最高明的手段就是压根不让对方感觉到你是在批评他，但又能让他感受到被"敲击"的意思，进而启发他做自我批评。

蔡明是一家钢铁厂的总经理，一天，当他经过厂区一个角落的时候，撞见几个工人正围在一起抽烟。事实上，公司两个月前才颁布了禁止在厂区内部吸烟的规定。这些工人显然忘记了公司的规定，或者是像很多犯错的人那样存在侥幸心理。蔡明刚开始打算把他们揪出来，狠狠地批评一顿，然后指着那块"禁止吸烟"的牌子让他们看看。不过，他很快就意识到这种做法治标不治本，而且会让对方感到难堪，甚至对自己产生怨恨。只见他悄悄地走上前去，从口袋里掏出自己的烟，然后给每个人都发了一支，然后对他们说："正好我也想抽烟了，走，咱们一起到厂区外面抽去。"

这些工人立刻明白了总经理的意思，当然不会跟着蔡明一起出去抽烟，而是纷纷掐灭手中的烟，然后说："实在抱歉，我们忘记公司禁止吸烟的规定了。请你原谅。"随后，大家赶快回到自己的工作岗位上去了。

对于工人心里的那种复杂情感，我们很容易理解。他们既为犯了错误而自责，又为没有受到惩罚或指责而感到庆幸，同时对总经理也越发尊敬。他们以后应该不会犯同样的错误了，这也是蔡明作为管理层的高明之处。直接指出他人的错误，无异于批评对方。任何人都不喜欢被他人批评，即便他知道自己确实做错了。我们身边经常会遇到一些比较烦心的事情，但是很多情况下只要换种表达方式，也许就能轻易地解决问题。

 知心话

不知从什么时候开始，网上流传着这样一句话："谁认真谁就输了。"我们暂且不论这句话的指向是否正确，但对于有些事，比如，在面对有些人的批评上面，"谁认真谁就输了"倒不失为一条准绳。

建议本身也是委婉的批评

伊达·塔贝尔是美国资深的传记作家，她在写自己的名著《欧文·扬传》时，曾和一位与欧文·扬共事三年的同事谈话。这位同事说，他从来没有听到过欧文·扬指使别人——他只会建议，而非命令。欧文·扬从不会说"做这个……做那个……"或者"不要做这个……不要做那个……"，而是说"你认为那个有用吗？"或者"你可以考虑这样去做……"。他在口授一封信后，经常会问："你觉得这样怎么样？"看过助手写的信之后，他会说："或许这样表述会更好一些。"他从来不对助手下直接的命令，而是让他们自己选择，即便错了，也可以从中学习。

试想一下，如果欧文·扬只是冷冰冰地下命令或者赤裸裸地批评，对方能够按照他的意愿去行事吗？这个很难说，但有一点是肯定的，就是命令或者批评的效果肯定没有建议更得人心。建议式批评的一个显著特色就是，它容易让一个人改正自己的错误，还可以维护对方的尊严。这种批评方式更容易赢得对方的合作，而非招致反感或者不满。另外，家长在批评教育小孩时，如果采用这种批评方式，效果也会更好些。

有一天，6岁的小刚从妈妈的洗衣框里拿出一条脏毛毯，裹在身上玩儿，而他身上穿的是妈妈刚给他买的新衣服。看到这一幕，小刚的爸爸很生气，上前一把就把脏毛毯夺了过来，还批评小刚不应该乱动洗衣筐里的衣物。面对爸爸的批评，小刚感到很委屈，噘着小嘴眼泪汪汪地站在那里生气。让小刚爸爸颇为无奈的是，小刚非但没有吸取教训，还屡屡从洗衣框里拿脏衣服、脏毛毯玩儿，让大人们都很郁闷。

后来，小刚妈妈的一位做心理辅导的朋友来家里做客，了解到这一情况后，就给他们提了一个建议：再遇到类似的情况，不妨用建议式的批评，看看会不会有效果。结果小刚爸爸试了两次，小刚从洗衣筐里面拿衣服的频率明显比以前降低了。

其实像小刚这个年龄段的孩子，对诸如过马路不能闯红灯，在公共场所不能喧哗，危险的东西不能碰这样的事情，尚处于探索阶段。对大人而言属于常识的东西，或许在小孩眼里并没有正确与错误之分。

小孩做了不该做的事情，家长用"建议式批评"比用"权威式批评"效果会更好。比如，6岁的小刚只是想找一块毛毯裹在身上玩儿，但他并没有意识到这条毛毯是妈妈放在那里准备洗的，也不清楚脏东西不能往身上裹。此时，家长要先告诉孩子这样做是不对的。比如小刚爸爸说："小刚，这个毛毯已经脏了，有味道，而且还有细菌，我想你肯定更喜欢干净的、味道香香的

毛毯，对吧？"之后，家长要让孩子知道为什么不能这样做，以及假如这样做可能会导致怎么样的后果。小刚爸爸可以说："放在洗衣框里的都是妈妈收集起来打算洗的脏衣服，不能乱动。你拿脏毛毯裹在身上，会把身上的新衣服也弄脏，这样，妈妈就要洗更多的衣服，所以会很辛苦。"最后，当孩子听懂并认同了家长的话后，再告诉他们应该怎样做。这时，爸爸不妨这样说："把这块毛毯放回洗衣筐，再去问妈妈要一条干净的来玩，怎么样？"

总之，在教育孩子的过程中，要多提建议，少用批评，这样更有利于他们主动认识问题，解决问题，而不是因为家长的权威才不得不去做某件事。对孩子的教育，应该朝着有助于他们独立思考、提升逻辑思维，以及辨别是非黑白的方向发展，而不是屈从于权威。

建议式批评的核心在于通过提建议的方式来促使对方改变意志或行为。提建议时要用疑问的语气，能让对方感觉到你所表达的意思是善意的，最好针对具体的事情。最好用这样的句式，如"你愿意试一试……""如果可以，考虑试一试……可能会让你……""要是……就更好了，你觉得呢？"比如，当你看到好朋友穿得很漂亮却没有化妆，可以说"你今天的衣服很漂亮，如果再画点淡妆看上去会更阳光"。这肯定会比直截了当地说"今天怎么没有化妆"更容易让对方接受。在用建议式批评的时候，尽量说得具体一些，或者加上背景和描述性表扬，而对于不能改变的现实方面或人格层面，最好不要用。

 如果提建议可以代替批评，那就不要批评。

有一种智慧叫不当众点名

试想一下这样一种场景：因为工作上的失误，你被叫到领导办公室，看着对方沮丧的眼神，耷拉的脑袋，你已经非常紧张。紧接着，领导便是劈头盖脸地一番痛骂："你到底是怎么搞的，这么重要的计划书怎么可以出现这么幼稚的错误！你的脑袋是生锈了吗？"因为领导的声音太大，结果整个楼道的人都可以听到。还没等你从办公室出来，同事们已经窃窃私语："那个谁怎么这么不长记性，又挨训了，活该。"

如果你是这个被训斥的员工，你会有怎样的感想？被领导训斥，被同事议论，这种滋味一定相当难受。如果领导的用意是希望通过这番训斥让员工在接下来的工作中更加尽职，那么他一定打错了算盘。

按照美国心理学家亚伯拉罕·马斯洛的需求层次理论，人类需求像阶梯一样从低到高分为五种层次：生理需求、安全需求、社交需求、尊重需求和自我实现需求。所以，对员工而言，工资高低并不是他们工作价值的主要衡量标准。他们有自尊心，他们也需要尊重，工作有时候就是他们身份、地位

的象征，也是个人成就的寄托。用恶劣的态度当众批评员工，就是在践踏他们的自尊心。如果在领导那里得不到尊重，那么员工可能只能选择离职。即便不选择离开，他们也会在公司战战兢兢，或者干脆混日子。

对于领导而言，当面批评某个员工并不能树立自己的威信，反而会激发被批评者的逆反心理，也会让其他不相干的同事私下议论，甚至在公司传递一种负能量。

当然，下属犯错，作为领导自然有责任也有权力批评。如果纯粹只是为了批评而批评，那么怎么批评都可以。但是，如果是为了把批评的话说到员工的心里，让他心服口服，就需要讲技巧，而不当众点名就是最常见也是非常富有智慧的做法。

很多大公司的领导都是完美主义者，眼里容不得任何沙子。但领导者的这一性格有时候会和管理原则产生矛盾。比如某个非常有能力的下属犯了不大不小的错误，假如严格执行公司的制度，就需要将对方开除，但这对公司而言，会是一个巨大的损失；对领导而言，如果不坚守完美主义，就会在竞争中落败，如果把这种完美主义文化延伸到管理制度方面，又会造成损失。此时，不点名的批评就是救命的稻草。

方宇正在经营一家成立仅半年的互联网公司，因为业务需要，手下有十多个销售员。因为平时多把精力投入在产品研发上面，所以对销售员在外面的工作了解不多。没过多久，他就获悉自己招入公司才几个月的销售员就在外面有兼职行为，而且私开个人发票在公司报销。方宇非常生气，打算当众就把这些销售员全部开掉。不过转念一想，问题也来了：接下来的工作谁来做。当然，可以再招新人，但这需要时间，而且新人对产品以及业务都不熟练，肯定会对公司的发展带来非常负面的影响。想到这里，方宇决定暂时忍一忍，当作什么都没看到。

两天之后，他召集所有员工开了一次大会，在会上他说："最近有人向我反应，公司有个别员工在外面做兼职。当然，如果有人真的是缺钱花，利用工作之余做点兼职也情有可原，但如果因为兼职而影响了本职工作，那么，我也顾及不了我们在一起创业打拼的情谊了，只能严肃处理。"

第二天，所有销售员都把自己的兼职给停掉了，而且连方宇在会议上没有提到的发票问题也减少了。

说话是一门学问，批评他人也是一种智慧，批评的方式不当，就会产生严重的后果。我们经常会说"得饶人处且饶人"，这就要求在批评他人的时候，最好含蓄一点、委婉一点、模糊一点。有时候，恶意的批评并不是领导的本意，只是当时的情绪在作怪罢了。作为领导，如果想让自己的批评达到预期的效果，就不要在情绪处于失控的状态下处理诸如训斥下属的事情。事实上，当你冷静几分钟，等到心平气和的时候，就会发现很多事情根本就不值得自己大动干戈。

"扬州八怪"之一的郑板桥有一句名言叫作"难得糊涂"，其实这也是做人说话的智慧。聪明是一种智慧，糊涂也是一门艺术。在"难得糊涂"这门艺术中，"度"最关键。下属犯错，作为领导既不应放任，也不要过于苛刻。过于苛刻，会给公司利益带来损失；过于放任，不利于公司的长远发展。

"不当众点名"不仅仅是领导批评下属的方法，也是很多政府部门的做

法。比如在电商价格大战，360百度搜索交火等行业竞争事件备受争议的背景下，工信部的相关领导就曾经以不点名的方式，在中国互联网大会上特别批评了互联网企业的恶意炒作和恶性竞争行为，并规劝企业遵从行业规则和商业道德。

就像我们前面提到过的那样，如果建议可以代替批评，那就不要批评。同理，如果不点名批评可以达到预期的效果，那就不点名。说话的时候，给他人留点面子，对方必然会用"心"报答。

知心话

不当众点名，代表了你对被批评者的尊重。对方既不会无视这种尊重，还会用行动回报相应的行为。如果这还代表不了心窝话，那么什么样的话才算心窝话？

知心姐："了解英国国王理查三世这个人吗？"

好学君："哦，怎么想起来问这个人了，不了解。"

知心姐："那听说过'马蹄钉'的故事吗？"

好学君："哦，这个倒是听过，听说还有一段民谣，'失了一颗铁钉，丢了一只马蹄铁；丢了一只马蹄铁，折了一匹战马；折了一匹战马，损了一位国王；损了一位国王，输了一场战争；输了一场战争，亡了一个帝国。'"

知心姐："没错，这个民谣的主人公就是理查三世，这是有关细节决定成败的非常有名的故事。说话也像带兵打仗，不注意细节，同样会'用错词，说错话，伤了心，得罪人，误了事'。"

　　细节决定成败的例子不仅仅发生在战争时，它也会发生在我们每个人的身上。注意细节，未必能把话说到他人的心窝里；不注意细节，肯定无法把话说到他人的心窝里。这，就是细节的价值。

时机对了，话自然就对了

孔子说过这样一句话："侍于君子有三愆，言未及之而言谓之躁，言及之而不言谓之隐，未见颜色而言谓之瞽。"这句话翻译成现代汉语的意思就是"陪伴尊长容易犯三种过失：还没轮到说而抢着说，叫毛躁；轮到说不说，叫隐瞒；不看尊长的脸色而随意说，叫盲目"。孔子的意思其实可以概况为这样一句话：说话要看时机。事实上，那些能在恰当的时机说出恰当话的人才是真正会说话的人。如果说话的时机不到位，即便你的话很有道理，也往往收效甚微。

时机的作用是双向的：对他人而言代表着尊重，对自己来说代表着效率。要知道，只有当对方对你的话感兴趣的时候，你说的话才有效果，才能达到预期目的。相反，如果时机不对，非但达不到预期的效果，还会引起对方的反感。

童斌是一家五星级酒店的服务员，他的主要工作就是负责迎接一些尊贵的客人，并把他们带领到客房。因为之前已经有了3天的岗前培训，童斌对自己的工作充满了信心。事实上，经过一上午的试岗，一切都还算顺利。中午吃饭的时候，经理提前给童斌打过招呼，说下午会有几位台湾客人入住，让童斌多加留意，并负责好接待工作。

下午2点的时候，三位台湾客人准时到达酒店，童斌也非常热情地上前迎接，并微笑着说："先生，下午好。"看过几位客人的相关证件之后，他接着说："欢迎入住我们的酒店，请跟我来。"

将三位客人引领到客房之后，童斌顺势为三人倒了三杯茶，并说："先生，请用茶，这是上等的大红袍，应该会很符合你们的口味。"紧接着，他又把客房的布置等相关细节做了一番介绍，当说到一半的时候，其中一位客人冷冷地说了一句"知道了"。

不过，童斌没有什么反应，又打算继续往下介绍。这时，另一位客人从包里取出一张百元大钞递给童斌。

"非常抱歉，公司有规定，我们是不能随便收客人小费的。"童斌虽然嘴上这样讲，但是心里很不是滋味，感觉自己的一片好意被对方给曲解了。当他还想再解释些什么的时候，另一位一直没发话的客人说："我们已经在飞机上坐了很久，现在很困了，希望休息会儿。"

听到这里，童斌的脸色顿时变得通红，仓促地说了句："抱歉，有事可以联系服务员，我告退了。"

经常会听到长辈这样训诫晚辈：说话办事要看别人脸色行事。在这个案例中，童斌的欢迎辞很熟练，脸上的笑容也很自然，介绍客房的时候也很专

业，但是，他的热情并不在时候。要知道，这几位客人都是刚下飞机，肯定会很累，最渴望的就是好好休息一下。童斌没有事先了解这些情况，就喋喋不休地讲了一通，自然会招致对方的反感。

所谓说话时机，就是该说的时候不说就会错失说服对方的机会，但如果不该说的时候乱说，就会招致对方的反感。同样，如果不顾及他人的感受，不注重周围的氛围，没有分寸地乱说，后果可能会更严重。

有些说话时机需要你认真等候、捕捉，但更多的说话时机其实只需要睁大眼睛，竖起耳朵即可。当然，即便是瞬息万变的机会，想要把握好说话时机也是有规律可循的。比如，当对方心情舒畅的时候，你跟他谈求助方面的事情就容易一些；当对方情绪低落的时候，说些令人振奋的话自然讨人喜欢；如果对方兴致高昂，你说扫兴的话自然就会不受欢迎。

把握说话时机，并不是纯粹的只指时间，也包括地点、人物等。在把握时机的同时，也应该想好说什么话，如何说。总之，在时机成熟之前，要有积极的准备和充分的耐心。一旦时机到了，就果断说出来。

 知心话

时机的作用是双向的：对他人而言代表着尊重，对自己来说代表着效率。要知道，只有当对方对你的话感兴趣的时候，你说的话才有效果，才能达到预期目的。相反，如果时机不对，不但达不到预期的效果，还会引起对方的反感。

独特的说话风格，让你的心窝话更有魅力

就像性格一样，每一个人都有自己的说话风格，有些人说话沉稳、庄重，有些人说话轻飘、浮夸。因为不同的说话风格，每个人的个性才能够得到充分的展示，让人耳目一新。这种独特的风格并非可有可无的陪衬，而是说话的人"推销"自己的手段。事实上，你的说话风格独特，别人才会记住你，也才能够更容易接纳你。不管是对他人说什么样的话，肯定都要靠自己的声音去传递。因此，为了增强自己的说话风格，就需要发挥声音的魔力。

郎永淳是前央视的著名主持人，他不管是曾经在《新闻30分》，还是后来在《新闻联播》等栏目中，都把自己充满磁性，又不失淳朴的声音魅力发挥得淋漓尽致。甚至有网友拿2015年热播古装剧《琅琊榜》中扮演靖王的王凯和他相提并论。

要想把话说得更顺耳，更暖人心，就需要用得体的表述加上纯正的声

音。通常情况下，清脆、洪亮的发音会让人看上去更自信，偶尔遇到了某些争论的场合，他的声音也会更有说服力。

独特的说话风格与说话者的音量、音调以及语速等都密切相关。作为一名说话高手，悦耳且富有张力的声音是基本功。在说话的时候，如果发音含糊，就会让人觉得你是在隐瞒什么，或者故意躲避什么。

说的目的是让对方听，所以如何刺激对方的听觉神经是尤为关键的一步。在刺激对方的听觉神经方面，说话的节奏非常重要，因为一个人的说话节奏往往能够体现一个人的做事风格与人格魅力。有时候，音调过高，会给人造成一种压迫感，而语速过快又会让人感觉含糊不清。所以，说话时，一定要善于调节自己的节奏，使之适应当时的场合、氛围。

1948年，牛津大学邀请当时政坛的热门人物丘吉尔做一个关于"成功秘诀"的演讲。鉴于丘吉尔的个人声望，媒体在正式演讲开始前三个月就开始炒作。社会各界人士对于这次演讲也充满了期待。

很快，演讲的这一天到来了。正如组织方预料，会场内外挤满了人。各路记者都在最佳位置提前踩点，准备第一时间向外界发布有关丘吉尔演讲的盛况。

当丘吉尔走到讲台后，所有人都站起来给以热烈的掌声，久久都不能平静。所有人都在期待着，看看丘吉尔会对"成功的秘诀"这个话题发表怎样的观点。

丘吉尔先是挥动着臂膀让大家安静下来，然后说："如果非要我总结成功的秘诀的话，那么只有三点：第一点是绝不放弃，第二点是绝不、绝不放弃，第三点是绝不、绝不、绝不放弃。今天的演讲就到这里。"

人们还没有醒悟，丘吉尔就已经走下了演讲台。一分钟的寂静之后，人群中迅速爆发出雷鸣般的掌声。

丘吉尔的演讲之所以能够取得成功，就在于他不落俗套，结果给人异常震惊的效果。事实上，这就是丘吉尔的讲话风格。如果这几句话让别人说出来，大家就会觉得他做作，但是对于带领英国人民取得二战胜利的英国前首相而言，丘吉尔深深知道这几句话的价值，而听众也从丘吉尔铿锵有力、节奏鲜明的演讲中感受到了这几句话的分量。

在社交活动中，想要"惊到"对方，除了说的内容、讲的方式之外，动作同样发挥着非常重要的价值。有相关研究发现，体态语言在人们传递信息的过程中占到了一半。也就是说，当你在与他人交谈的时候，你的表情、肢体等无不在向对方传递信息。在这个方面，林肯的演讲可谓别具一格。

林肯在演讲的时候，肢体动作非常丰富。有时候，他会通过甩头来比画各种姿势。随着演讲的进行，他的动作会更加多样化，有时候也会戛然而止。当然，林肯的演讲动作都十分自然，一点也不做作。为了表示喜悦，他会做拥抱态；为了表示愤怒，他会紧握双拳。他所有的手势都是内心的写照，也是对言语的补充说明。当然，即便是表达愤怒，林肯也会让这种姿势控制在一定的范围内，并把握好节奏。

人们都喜欢有魅力的人，也喜欢和他们说，听他们说。独特的说话风

格，就是让你充满个性、富有魅力的简单快捷的办法。

 知心话

　　对那些毫无个人风格的人，人们除了会快速忘记他们之外，也往往会忽略他们说过的话；对那些讲话风格独特的人而言，他们独特的风格本身就是他们言语的强化剂，更容易打动人心。

忘了什么也别忘了对方的名字

对于什么是社交场上最尴尬的事情，或许不同的人会有不同的答案。但是有一件公认的比较尴尬的事，就是别人笑脸相迎向你打招呼时，而你却忘了对方的名字。遇到这种情况，蒙混过关还好，如果被察觉到了，对方就会有些悻悻然。或许在你们离别的时候，也是你们的交情走向终结的时候。

那么，记住一个人的名字究竟有多重要呢？

有一位著名的推销员去拜访一个名叫尼古德·玛斯帕·帕都拉斯的顾客。事实上，别的推销员都因为他的名字难记，所以干脆直接称呼他"尼克"，但这位推销员却不同。他在拜访这位顾客前，特意把对方的名字在脑子里默念了十几遍，直到能够很自如地说出口为止。见面后，这位推销员直接用全名称呼说："早上好，尼古德·玛斯帕·帕都拉斯先生。"听到推销员这样称呼自己，"尼克"简直惊呆了，因为他移民到美国十多年，还从来没有人用全称来叫自己的名字。毫无疑问，这位推销员成功了，他从这位客户那

里获得了订单。

表面上看，名字只是一个代号，但是我们不可否认的是，这个代号背后是活生生的人，他有血有肉，有思想，有情感。当你清晰响亮地喊出对方的名字时，既代表了一种尊重，也代表了一种重视。关于这一点，我们也可以换位思考：当一个你曾经告诉过对方自己名字的人喊不出你的名字时，你心里会是什么感受？同样，如果一个仅有一面之缘的人在下次见到你之后，非常自然地喊出了你的名字，你又会是什么样的感受？由此我们也可以得出一个这样的结论：准确记住一个人的名字，是获得好人缘最简单也是非常重要的方法之一。当然，我们的目的是把话说到对方的心窝里，但是，如果人缘不好，你的话谁还会听。事实上，很多成功人士之所以能够在事业上大放异彩，就在于他们会重视他人的名字，也会通过各种方法认真记住他们的名字。

美国"钢铁大王"安德鲁·卡内基为什么能够获得如此巨大的成功？尽管被誉为"钢铁大王"，但是他掌握的钢铁知识并不多。成千上万的人为他工作，而他们中的很多人在这方面都懂得比他多得多。事实上，善于与人交谈、懂得为人处世的原则才是他有别于自己的员工的特别之处，也是他发财致富的奥秘所在。

卡内基在很小的时候就表现出人际交往方面的天赋。据说在他10岁时，有一天抓到了一只母兔，不久，这只母兔就生了一窝小兔子，饲料短缺立马成了当下急需解决的问题。卡内基是如何处理的呢？他把邻近的孩子们集合起来宣布：谁能拔最多的草来喂小兔子，就以他的名字给小兔子命名。于是孩子们都争先恐后地为小兔子寻找饲料，卡内基的计划就这样顺利地实现了。

这一次的成功对卡内基影响持久且深远。他一生都在用人们的这种心理成功地领导着自己的商业帝国。例如，他为了把钢铁轨道卖给宾夕法尼亚州铁路公司，就以该公司董事长区格·汤姆森的名字命名，在匹兹堡建立了一座大型钢厂。

有一次，卡内基控制的中央交通公司和普尔门控制的公司都想得到联合太平洋铁路公司的生意，你争我夺大杀其价。

一天晚上，卡内基在圣尼可斯饭店碰到普尔门，卡内基说："晚安，普尔门先生，你不觉得我们是在出自己的洋相吗？"

"你这话怎么讲？"普尔门问道。

卡内基便把希望两家公司合并的想法告诉了普尔门，而且把合作而不互相竞争的好处说得天花乱坠。

普尔门专注地倾听着，最后问道："你打算给这个公司起什么名字？"

"普尔门皇宫卧车公司。"卡内基立即说。

问题就这样顺利地解决了。

记住以及重视朋友和商界人士的名字，向来是卡内基展现他卓越领导才能的重要手段之一。他甚至把记住他人的名字作为一项很重要的工作，而且以能够叫出很多员工的名字而自豪。除了卡内基之外，历史上还有很多名人以擅长记忆他人的名字而被大众所知，比如曾任美国总统罗斯福助手的吉姆·法莱。曾经有人问他成功的秘诀，吉姆·法莱说"努力工作"，不过他也解释了一下，他的努力工作指的就是"记住别人的名字"。那么他能叫上来多少人的名

字呢？据他自己亲口回答，是"五万个"。

如果你也希望自己有好人缘，希望自己的话被人重视，那么就应该从现在记住他人的名字开始。也许有人认为记住他人的人名会很困难，特别是一些不常交往的人，其实，只要注意方法，记住他人的名字并不会太难。下面便是一些简单易学的技巧。

1. 专心倾听他人的介绍

很多人在与人沟通的时候，觉得对方的自我介绍不是很重要，总想趁着对方做自我介绍的间隙，悄悄准备自己接下来该说什么。事实上，这种投机的做法有时候会适得其反。比如对方在介绍自己的时候，明明说了自己老家是山西大同的，结果在接下来聊天的过程中你突然说一句："对了，你老家是哪里的？"换位思考一下，如果是你自己遇到这样的倾听者，心里该做何感想？

除了不考虑自己该说什么之外，还要认真听对方的自我介绍，因为你们接下来的谈话内容完全可以通过各自的介绍向外延伸。如果对方在介绍的时候，某个音没有发准确，或者对方名字里的某个字你不确定，那么就果断提出疑问，可以说："抱歉，你刚才说得太快了，我没听清楚，麻烦你再说一遍。"或"你名字里那个'hong'是宏伟的'宏'还是红色的'红'？"这样的提问也是在暗示对方你在认真倾听他的话。

2. 通过重复记忆

即便对方已经把自己的名字介绍得很完整了，但是听完对方的自我介绍之后，最好把对方的名字重复一遍。这样做一般会有两个好处：一方面，可以通过你的重复向对方求证，看是否准确；另一方面，说出对方的名字，这意味着你们已经认识了，那么接下来的谈话就不再是陌生人之间的沟通，而是朋友之间的交流。除了嘴巴重复之外，最好也在心里默念几遍，因为重复是保持记忆的关键。

3. 通过联想记忆

听完对方的自我介绍之后，可以回想一下自己认识的人中是否有和对方重名或者发音相似的。比如你的一个朋友叫王凤娟，而对方叫刘凤娟，那么不妨将两人的形象放在一起，这样也有利于记忆。如果纯粹只是为了记住名字，就没必要局限于只是自己认识的人，或者人名，事实上，很多名人名字都可以作为记忆的工具。比如你搭讪的对象叫康思德，那么就可以和德国哲学家"康德"的名字联系起来，并在心里形成这样一句话："我说康德是哲学家，但对方说康德是思想家。"这样，把对方的名字和名人联系起来，记忆的时候会更容易。

知心话

对于"名字"这个细节，我们还是那句话：无论忘记什么，都不要忘记对方的名字。

适当暴露自己的缺点，会让人感到更亲切

　　社会心理学家埃利特·阿伦森做过一个试验，他发现：与那些完全看不出缺点的人相比，人们更喜欢那些才华超众但也不乏小缺点的人。比如美国前总统奥巴马经常会被妻子米歇尔嘲笑不擅长家务，但这并不妨碍他以58%的高支持率结束其总统任期；爱因斯坦也经常在自己的寿宴上扮"鬼脸"，这不仅没有破坏他伟大科学家的形象，而且让大家觉得他很平易近人。其实，这种现象有一个更为专业的学名，叫"暴露缺点效应"。王天赐是一位风险投资公司的CEO，他曾经在接受《财经时报》采访时说："适可而止地暴露自己公司的缺点，是吸引VC（风险投资）过程中很重要的一环。"如果这句话是一个创业者说的，或许还有商量的余地，但出自一个风投公司CEO之口，其真实性自然不言而喻。

　　现代社会的社交如此频繁，人们会在不同的场合遇到各种不同的人。如果总是在他人面前把自己表现得完美无缺，不但自己会很累，而且结果也可能适得其反。要知道，一个没有任何瑕疵的人会让人感觉不真实，人们在与之沟通交流的时候，肯定也会有所保留，或者对其敬而远之。当然，有些人或许在生活中确实很完美，几乎找不到任何缺点，但是为了让自己在人前显得更为亲切，也可以采用人为的方式"制造"一些缺点。那么，究竟该如何制造呢？下面便是几种行之有效的方法。

1. 谈自己曾经做过的丑事

俗话说："金无足赤，人无完人。"即便是再优秀的人，肯定也会在曾经的某个时候做过一些幼稚的傻事。当然，在暴露丑事的时候也要做一些筛选，不能什么样的事情都说，毕竟每个人都有自己的隐私。

张宇是一家互联网公司的老总，同学中他事业最成功。在一次同学聚会上，他为了不让大家尴尬，就拿自己工作初期的丑事开涮："记得有一次我因为犯了错在领导面前狡辩，领导气急了，冲着我说，'照你这么说，我不但不应该惩罚你，还应该给你点奖励，是不是？'我当时也没多想，就顺杆往上爬，'您也别奖励我了，能不能给我两天带薪假期啊？'当时领导一听，哭笑不得，就把我从办公室里面撵出来了。"听张宇这样谈自己的过去，同学们个个笑得前俯后仰，大家的距离一下子就拉近了，聚会的氛围也融洽多了。

2. 自嘲

自嘲是一种幽默的说话方式，也是一个人智慧的体现。在生活中，加入一点自嘲的佐料，不仅可以调节气氛、化解尴尬，还可以彰显自己谦虚的品质。当然，听者也会从自嘲者身上感受到一股无形的魅力和好感，关系很自然地就会拉近。

　　"童话大王"郑渊洁有一次在接受《南方人物周刊》的访谈时，当记者问他"为什么选择写童话"，他说："我是懦夫，不敢像刘胡兰那样为改变世界献身，就通过写童话来逃避现实。"当记者问他"为什么创办《童话大王》月刊"时，他回答道："我心胸特别狭窄，已经狭窄到不能容忍和别的作家在同一报刊上同床共枕。"当记者向他表示"你一个人将《童话大王》月刊写了20年，不可思议"时，他淡然一笑："这是懒惰的表现。写一本月刊写了20年都不思易帜，懒得不可救药。"记者最后一个问题是："如果让你给自己写墓志铭，你怎么写？"他回答得更绝："一个著作等身的文盲葬于此。"

　　郑渊洁没有按照常规方式回答记者的提问，而是来了一番自嘲，说自己是"懦夫""心胸特别狭窄""懒得不可救药""一个著作等身的文盲"。虽是自嘲，却拉近了与读者的关系，但也将他投身童话事业的决心，以及面对荣誉及成绩的淡泊和谦虚表达得淋漓尽致，令人在忍俊不禁之余油然而生敬意。

　知心话

　　古人云："金无足赤，人无完人。"所以，人们喜欢那些才华超众但也不乏小缺点的人。

懂得说话技巧，你能终身受益

第十章
CHAPTER TEN

好学君："知心姐，你认为最受益终身的说话技巧是什么？"

知心姐："没有最受益的，只有常用的，比如'微笑'。"

好学君："微笑也算说话技巧吗？"

知心姐："如果我刚才冷冰冰地说那句话，你心里会是什么感受？"

好学君："不好说，但肯定会不舒服。"

知心姐："那实际上呢？"

好学君："感觉你说的是心里话。"

说话的技巧可能是"逢人且说三分话，未可全抛一片心"这样的警示古训，也可以是嘴巴、额头、眉毛传递出来的微表情。说话讲究技巧，目的是辅助人们把话说到人的心窝里。这，就是技巧的实用性。

只要对方张嘴笑，就不怕他耳朵张不开

日常生活中，不管是我们的亲生父母，还是身边的朋友、同事，都有可能因为矛盾、分歧导致情绪上的对立。如果朋友生气了，他们可能跟你断绝来往，如果同事生气了，他可能不配合你的工作等。那么究竟该如何化解这种敌对的情绪呢？我们不妨看史贝斯通讯的创始人玛丽·史贝斯是如何做的。

有一次史贝斯和同事发生争执，如果不尽快化解与同事的矛盾，两人负责的广告就无法正常出刊。不过，对方也是一个脾气相当倔强的女人，而且丝毫不把史贝斯这个创始人看在眼里。史贝斯知道，这位同事对她的成见很深，此时不管她说什么对方都很难听进去。除非让对方的耳朵打开，把她的话真正听进去，否则说得越多，矛盾越大。

玛丽决定采取一种特殊的办法来化解两人的矛盾。第二天，她一走进办公室，突然间就在同事的办公桌前双膝跪地，并夸张地爬到同事的身旁，哀求她从公司大局着想，让两人冰释前嫌。紧接着，她从包里拿出一盒玩具，说是送给同事孩子的，因为她相信孩子们肯定不希望两个大人都失业。

因为整个画面都太滑稽了，所以当时在场的其他同事都忍不住大笑起来，那位有敌意的同事也忍不住跟着笑了起来。就这样，两人的敌意瞬间就化解了。当然，广告出刊的问题也迎刃而解了。

通讯社做大之后，玛丽有一次在给下属分享这个故事时，特别总结了一条经验："当你把人们逗笑的那一刻，只要他的嘴巴张开了，那么他的耳朵也就张开了。"

中国有句老话叫"伸手不打笑脸人"，当你用笑脸迎人的时候，即便对方心有不甘，也不会当场发作。很多时候，对立和争执只是双方的情绪问题，并不在事情本身。只要能够让对方的情绪舒缓，争执就会消除，相关的问题自然就会迎刃而解。

要想把话说到原本对你充满敌意的人的心窝里，最关键的一步就是扭转对方的情绪，让对方张嘴笑。

知心话

马克·吐温说过："人类确有一件有效武器，那就是笑。"确实，飞机、坦克可以征服我们的敌人，而笑能够征服我们的朋友。

重要的是别人需要什么，而不是你知道什么

卡耐基有多个头衔，比如"美国现代成人教育之父""美国著名的人际关系学大师""西方现代人际关系教育的奠基人""20世纪最伟大的心灵导师和成功学大师"。不过，在卡耐基成名之前，他还做过一段时间的汽车推销员。

一天，店里来了一位穿着时尚的年轻夫妇，卡耐基赶紧上前招呼："非常欢迎两位光临我们的店，我们这里有最优良的货车和自用车，以两位的身份，这辆车就非常适合你们……"

卡耐基滔滔不绝地讲了半天，但两位顾客的脸上却没有一丝笑意。又过了几分钟，女顾客终于不耐烦了，拉着丈夫的手就往外走。走到门口的时候，女顾客还不忘回过头挪揄了卡耐基一顿："这位先生，你非常热情，但很显然，你不懂汽车，也不懂相关的机械原理。刚才你只是在向我们背诵一些说明书上的数字，这些事谁都会做。所以，我们是不会向一个外行买车的。"

听了女顾客的话，卡耐基半天说不出话来，只是唯唯诺诺地一直向两位顾客道歉。更让卡耐基尴尬的是，女顾客的话被刚从办公室出来的经理听到了。客人走后，经理冲着卡耐基又是一顿痛骂："告诉你多少次了，不要和顾客谈论那些该死的数据，如果你真的想卖掉汽车，就应该用心去搞懂汽车的性能和原理，并按照顾客的需求向他们做介绍。否则，你就会像外面那个人一样。"

卡耐基顺着经理手指的方向看去，看到了一个乞丐。

从那天起，卡耐基开始反省自己的营销手段。后来他发现自己犯了一个公关上的致命错误，就是没有事先问客户需要什么，也没有给客户发言的机会。事实上，真正的症结并不在于他对自家的品牌了解多少，而是客户的需求。他忽略了这样一个潜在的事实，就是很多客户在去他的店之前，或许已经逛了很多汽车销售店，对汽车的性能也有相当的了解。感悟到这一道理之后，卡耐基开始全身心地投入研究客户的需求中，最后成功地掌握了能把话说到客户心窝的营销口才。

80%的销售员在推销的时候，都会犯相同的错误，就是说得太多，听得太少，结果就是把握不住客户的需求，错失商机。当然，也有一些需求并不需要倾听，任何一个销售员都可以掌握，比如顾客都有从众心理，都喜欢被赞美，都精打细算等。

曾经有个专门卖布匹和衣服的店铺，正对着门的柜台左侧墙上挂了一件珍贵的貂皮大衣，因为价格太贵，陈列了半年也没卖出去。后来店里来了一个新的伙计，某天偶尔听掌柜抱怨了一句之后，说自己可以把貂皮大衣在一

天之内卖出去。掌柜不相信，伙计却很自信，坚持让掌柜按照自己要求的去做。伙计对掌柜说，不管谁问这件貂皮大衣的价格，都要说五百两银子，尽管其实际价格只有三百两。

商量完后，伙计在店前打点，掌柜到后堂算账，结果一上午基本没来几位顾客。下午的时候，店里来了一位穿着华丽的妇人，围着貂皮大衣转了一圈，问伙计："这衣服多少钱？"伙计假装没听见，继续忙自己的，那位妇人就提高嗓门又问了一遍。伙计这才假装缓过神来，对妇人说："对不住啊，我是刚来的，耳朵还有点背，你刚才是问这件衣服的价格，是吧。我也不太清楚，稍等一下，我问一下掌柜的。"

伙计说完就冲后堂大喊道："掌柜的，咱们墙上挂的貂皮大衣多少钱？"

掌柜在后堂说："五百两！"

"多少钱？"伙计又大声问了一遍。

"五百两！"

伙计和掌柜的对话声音很大，连站在店铺外面的人都可以听到，更别提那位妇人了。不过，妇人脸上面露难色，估计是觉得衣服太贵不打算买了。结果，那位伙计非常憨厚地对妇人说："刚才掌柜的说了，这件衣服三百两银子。"

妇人一听顿时心花怒放，心想这位伙计肯定是听错了，如果能从这位伙计这里把衣服买了就可以少花二百两银子。妇人害怕掌柜的从后堂出来，就赶紧付钱，然后拿着衣服匆匆地离开了。

就这样，这位伙计就轻而易举地把滞销了半年的貂皮大衣一天之内卖掉了。

这位伙计的小聪明之所以能够奏效，完全是利用了这位妇人想占便宜的心理。其实顾客在消费过程中这种精打细算的心理无可厚非，只是想让自己获得满足感，即经济学中所说的"效用"。当顾客觉得自己在消费中获得的价值与商品实际价值差不多或者比实际价值更大的时候，才会愿意掏钱。从某种程度上讲，顾客要的不是便宜，而是感觉占到了便宜。也就是说，少说自己知道的，多说别人需要的。

美国前总统亚伯拉罕·林肯说过："当我准备发言时总会花三分之二的时间考虑听众想听什么，而只用三分之一的时间考虑我想说什么。"其实演讲也好，推销也罢，都要靠嘴来说，所以这种考虑对方需要的意识在本质上是相同的。

知心话

说自己知道的，是智商的体现；说对方需要的，是情商的体现。不过，与自己知道什么相比，对方需要什么更重要。

怎么说比说什么更重要

曾经有一项研究显示：人们得出最终结论，有55%是根据说话者的举止做出判断，38%根据说话人的语气、语调、音量等做出判断，7%根据说话人的词句和讲话内容来判断。这也就意味着，倾听者得出的结论，其中有93%来自说话者怎么说，而不是说什么。所以，要想把话说到人的心窝里，不仅要知道说什么，更重要的是要知道怎么说。

有位教授在雨天去教堂祷告，临走时发现自己的雨伞不见了。这把伞是一个亲密的朋友送他的生日礼物，所以一直很珍惜。为了找到这把伞，他决定在报纸上刊登寻物启事。不过，三天过去了，依然没有任何音信。此时，正好一个经商的朋友来访，他把自己的遭遇及登报的经历都讲述了一遍。

"你的广告是怎么写的？"朋友问道。

教授从口袋里把报纸掏出来，只见商人朋友接过来后念道："本人上周日在教堂丢失一把黑色绸伞，若有好心人捡到，请送往人民路103号，本人有20

元作为酬谢。"

看完后，商人朋友慨叹道："登广告也是有学问的，你这样写肯定不行。这样，我来帮你拟定一份广告词，如果依然找不回你的伞，我就给你买一把新的。"

商人朋友拟定的新广告很快就见报了，结果第二天早上，教授打开门吓了一大跳，因为院子里横七竖八地躺着十多把雨伞，而且他丢失的那把伞也在其中。

教授很纳闷，赶紧打电话给他的商人朋友，问究竟是怎么回事。

商人朋友也没说什么，只是把广告词给他完整地念了一遍："上周日，有目击者看到有人在教堂取走了一把不属于自己的伞。取伞者如果不想惹麻烦，请速将伞送到人民路103号。"

同样的目的，不一样的说法，产生了不同的效果，这就是"怎么说"的重要性。在与他人沟通交流的过程中，除了言辞要考究之外，具体的行为动作、说话方式等也要符合当时的场景。比如，如果你的沟通对象坐着而你站着，那么你最好也坐下来；如果他们站着而你坐着，你要么选择站起来，要么给他们提供椅子；如果他们交叉双腿而你抱着胳膊，你就是在传递一个接近他们的信号。如果你的谈话对象很活跃，那么在和他沟通的过程中，你至少得表现出一定的活跃性；如果对方相对文静，那你就需要控制自己的行为。要知道，当那些不活跃的交流者把注意力集中在观察你的手、胳膊和面部表情时，就很难听清楚你在说什么。

根据相关研究，聆听者得出结论会受到语速和音量的影响。有些人讲话

极快,有些人讲话则慢腾腾的。如果你不得不重复几次,对方才能听懂你说的是什么,说明你讲得快了,应该降低语速。同时,注意对方说话的语速,然后调整自己的,以便让两者尽量接近。你不必像其他人一样讲得那么快或那么慢,但应该尽量减少这种差别,并传递表示亲近的信号。

除了说话的内容、讲话的方式以及相应的肢体动作之外,说的顺序也会对听者产生非常大的影响。下面是一位美术教师和一位母亲之间的谈话,或许我们可以总结出一些规律。

老师:"从下个礼拜开始,您家孩子的学费要涨了,从现在的每小时150元调整到220元。"

母亲:"哦,为什么要涨学费呢?"

老师:"因为您家的孩子进步很快,她现在画的画已经达到了高级班的水平,所以现在要按照高级班的标准来收费。"

如果你是孩子的母亲,面对这种情形该如何作答?是庆幸孩子进入高级班呢,还是抱怨多收学费呢?相信很多母亲的内心会比较纠结,甚至怀疑自己孩子的画画水平是不是真的进步了。但是,如果把老师的话换下顺序,那么她的话的意思会有怎样的变化:

老师:"王女士,恭喜您了,您家孩子的画画水平越来越高了,经过我们老师的一致同意,他现在可以进入高级班了。"

母亲:"哦,是吗,那真是太好了,我还一直以为他画得很烂呢。孩子能取得这样的进步，也是你们老师教得好啊！"

老师："哪里，是您的孩子有资质。"这不马上要进入高级班了吗，所以又要您破费了，我们高级班的费用比初级班的费用多130元。"

老师又摸着孩子的头说："你可要加倍努力哦，别辜负妈妈的期望。"

要把话说到对方的心窝里，内容固然重要，但如果忽视说的方式，就会给自己带来难以预料的麻烦。所以，在与人沟通交流的时候，一定要重视"怎么说"。

__ 知心话 _____

说话能否产生效果以及会产生什么样的效果，不仅取决于说话者说了什么，还取决于对方是怎么说的。

因人而异是心窝话的基本法则

明朝思想家王阳明是当世大儒，门下有很多学生。因为王阳明平时并没有著书立说的习惯，所以很多学生便把他平日所言私自记录下来。王阳明听说后很生气，说了这样一番话："圣贤教导人们，就像医生用药，都是根据病情来开方子，考察病人体质的虚实温凉、病理的阴阳内外来实时增减药量。关键只在治病，怎样用药本来就没有固定的说法。如果拘泥于一种药方，很少不害人的。现在我同大家不过是针对各自的毛病努力磨炼，只要能够改正，那么我的话也只不过是无用的累赘罢了。如果你们不知变通地死守我说的话，到时候误人误己，我的罪过还弥补得了吗？"

王阳明的观点很明确，自己的言论固然有价值，也要针对不同的人、不同的事情才管用。如果不管三七二十一，随便乱借鉴，只会误人误己。事实上，心窝话即便不算"圣人言"，也应该遵守相同的法则：因人而异。

汤芬是刚入职两个月的"90后"姑娘，因为迟到扣工资的事情，她怒气

202

冲冲地跑到经理办公室，咄咄逼人地抱怨自己的不满。经理也是一位女士，而且年龄比汤芬大不了几岁。看汤芬当时的情绪状态，经理并没有急于反驳，也没有翻脸怒斥，而是心平气和地听汤芬把话讲完。等到汤芬的情绪平静下来之后，经理才缓缓开口说："如果吵闹能够解决问题，我愿意在这里陪你好好吵闹一番，关键是，这并没有什么效果。至于扣你工资的事情，你应该先到财务那里咨询一下。如果是财务部门的失误，我替你出头；如果是你自己的问题，就算你在我在这里闹上三天三夜也不管用。你年轻气盛，我就不和你计较了，或许你身边的朋友、同事都是这个样子，你回去后也好好反思一下。"

适当的沉默以及心平气和的话体现了经理的大度，不与新员工计较的风度，最后几句话不动声色地把她和身边的同事、朋友也都批评了，经理的做法不仅达到了批评的目的，还让下属产生一种敬畏心理。当然，如果是老员工，经理完全可以换一种批评方式，或许更直接、更严厉。但是对于刚入职场的新人，批评时不能一点情面都不留。

不同的人因为性格特征、生活经历、文化素养各不相同，对于批评的承受力和接受方式也不尽相同。面对同样的批评，有些人可能不痛不痒，有些人可能痛不欲生，还有些人表面上顺从，暗地里却产生逆反心理。

当然，批评只是说话的一种表达方式，现实生活中还有各种各样的场景、各种各样的人，为了与他人之间有一个良性的沟通，我们也需要懂得各种说话的技巧。

德国哲学家莱布尼茨曾经说过一句话："世界上没有两片完全相同的树

叶。"这句哲理给我们的启示便是，不要渴望用一种说话方式讨好所有的人，也不要渴望用一句赞美取悦所有的心。要把话说到他人的心窝里，就需要多动点脑子，真正做到因人而异。

知心话

　　心窝话大体上遵循相似的规则，但具体到每一个人，涉及不同的事，还是需要因人而异的。

以柔克刚的"四两拨千斤"之术

我们经常说的"四两拨千斤"，说的正是以柔克刚的道理。其实，与人说话如果遵循这样的道理，也能够提升口才，成为说话方面的高手。

1982年，香港"廉政公署"在一场肃清贪污腐败的行动中逮捕了探长韩森的部下杨治。根据当时已经掌握的情报，以及公署探员对杨治的了解，知道他肯定不会轻易认罪。探员决定调整审判策略，所以并没有单刀直入地问案情，而是采用见缝插针的柔性攻心策略。

在侦讯杨治时，外界已经批评他的老上司韩森是"香港最腐败的探长"，探员想从杨治的嘴里获取韩森的罪证。不过，探员并没有直接询问韩森的犯罪事实，而是从两人的背景开始聊起。

探员问道："听说你和韩森从小就认识，而且韩森小时候家境贫寒，是吗？"

一听是和犯罪无关的问题，杨治的警惕心就放下来了，开始向探员娓娓道来他们的童年生活以及韩森的家庭状况。不过，随着话题的深入，杨治的

眼圈开始泛起了泪花。

见杨治有点动情了，探员试图把问题"转向"更敏感的话题，便接着问道："现在，你和韩森在香港都是有头有脸的人物，你们在伦敦、巴黎、瑞士等地都有存款和别墅吧？"

杨治也很敏感，顿时感觉到了不对，所以否认了。但是为了澄清谣言，他也交代确实有"少许家产"。

随后，探员把调查的重点锁定在杨治交代的少许家产上，并逐一对比公务员的收入，结果在杨治购买的汽车和手表等细节中找到了疑点，并见缝插针往深处蔓延，套出了韩森与杨治拥有庞大资产的内幕。

一开始的唠家常看似与犯罪事实无关，但对于案情的推动有着至关重要的作用。通过唠家常这种柔性话题，探员让杨治进入一个看似轻松的问答环节，目的是消除对方的警惕心。其实，在对待像杨治这种贪污腐败的"老江湖"时，任何威逼利诱都会让情况往更恶劣的方向发展。探员从杨治与韩森的贫困生活与童年友谊切入，就相当于关上了他的"警戒开关"，同时也打开了他的心扉。

纵观古今中外的智者，他们通常都会用以柔克刚的说话方式巧妙成事，而那些不懂说话技巧的莽夫总是拿鸡蛋碰石头，结果非但坏事，还误己。在当今社会，不管是向顾客推销产品，还是在谈判桌上说服对手，咄咄逼人从来都是下策。

俗话说："百人百心，百人百性。"有人性格外向，有人性格内向，有人个性柔弱，有人个性刚强。总之，每个人的个性都有利有弊，有固执的地方，也有薄弱的地方。以柔克刚的说话技巧就在于，躲开对方固执的地方，征服他薄弱的地方。一块石头若从高空落在海绵上，则会被海绵包裹，取出石头，海绵自然复原；一块石头若从空中落在汽车的顶层铁皮上，石头碎了，铁皮也会被石头砸破。很多人会觉得冷面强势的人很难交心，其实只是方法不得当罢了，只要懂得以柔克刚的策略，就算对方是很强势的人，也会被你的言语打动。

 知心话

　　纵观古今中外的智者，他们通常都会用以柔克刚的说话方式巧妙成事，而那些不懂说话技巧的莽夫总是拿鸡蛋碰石头，结果不但坏事，还误己。

讲故事比讲道理更能温暖人心

2005年6月12日，乔布斯在斯坦福大学的毕业典礼上做了一次振奋人心的演讲。不过，贯穿他整个演讲核心的并非什么大道理，就像他所说的"只是三个故事而已"。他讲的第一个故事是关于如何把生命中的点点滴滴串联起来的，第二个故事是关于爱和损失的，第三个故事是关于死亡的。通过这三个故事，乔布斯把自己的人生以及苹果的盛衰起伏做了一次精彩的回顾。最后，他结合自己的故事，总结了一个道理：求知若饥，虚心若愚。演讲结束后，在座的斯坦福毕业生纷纷站起来报以持久的、热烈的鼓掌，向这位改变世界的企业家致敬。

时至今日，或许没有多少人记得"求知若饥，虚心若愚"这句话，但没有几个人能够忘记乔布斯讲过的故事。事实上，当人们回忆起乔布斯所讲的故事时，很容易就会联想到"求知若饥，虚心若愚"的道理。这便是乔布斯演讲的魅力，也是他的故事具有持久影响力的体现。

克利夫·阿特金森在一本名为《PPT演绎：故事化设计》的书中强调：

　　"要想大幅提升演讲水平，最重要的就是在制作PPT之前构思好一个故事。"阿特金森主张在准备演讲时使用一种叫"三步故事串联板"的方法：写作演讲剧本—制作演讲幻灯片—上台演讲。另外，阿特金森还主张，只有"每一场戏"的剧本都写好了，才可以思考幻灯片的视觉效果。"要想写好剧本，你需要暂时把幻灯片设计——比如选择哪种字体、哪种颜色、哪种背景、哪种过渡效果之类的问题——统统搁置一旁。尽管这样做似乎违背人们的直觉，但实际上如果先把剧本写好，就极大地扩展了视觉效果的可能性，因为剧本可以让你在开始设计幻灯片之前就目的明确。剧本的存在释放了PPT这种视觉化讲述工具罕为人知的巨大力量，让演讲的效果能够超越演讲者和听众的期待。"

　　其实，不管演讲是即兴发挥也好，事先准备也罢，即便是在演讲过程中不使用PPT，"故事"也是演讲的绝对主力。所以，上台之前，提前在脑子里把故事编好，是极为有益的事情。

　　苹果前首席执行官约翰·斯卡利说过："营销就是戏剧，就是登台表演。"这句话的潜台词就是，你必须拥有一个足够吸引观众（消费者）的故事，对方才会埋单。对此，乔布斯可谓再清楚不过。事实上，不管是乔布斯身上具备讲故事的天赋，还是苹果公司本身就有创新营销的基因，他们总是很擅长吸引大众。

　　还记得那则名叫"非同凡'想'"的广告吗？

　　1997年，这则为苹果公司制作的电视广告和一系列平面广告，在9月28日首次播放后，迅速成为经典之作。即便今天看来，这次广告宣传活动也是商业史上著名的活动之一。

如果仅仅认为这则故事只是创意上的胜利，那观点似乎太狭隘了。仔细观看，你就会发现，这则广告其实就是一个短小精悍的励志故事。为了让读者更深入地了解故事对于打动人心的效果，我们不妨把这则广告的内容做一次文字式的回放。

广告开始后，很多历史上著名的叛逆者的黑白画面滑过屏幕，其中有阿尔伯特·爱因斯坦、鲍勃·迪伦、马丁·路德·金、理查德·布兰森、约翰·列侬、托马斯·爱迪生、穆罕默德·阿里、甘地、巴勃罗·毕加索、纳尔逊·曼德拉、埃莉诺·罗斯福，与此同时，演员理查德·德莱弗斯缓缓念出旁白：

这里有一群疯狂的人，他们特立独行，他们桀骜不驯，他们惹是生非，他们格格不入，他们用与众不同的眼光看待事物，他们不喜欢墨守成规，他们也不愿安于现状。你可以认同他们，反对他们，颂扬或是诋毁他们，但是唯独不能漠视他们，因为他们改变了寻常世界，他们推动人类向前迈进。或许他们是别人眼里的疯子，但他们却是我们眼中的天才。因为只有那些疯狂到以为自己能够改变世界的人，才能真正改变世界。

这则广告播出的那一年，苹果正处于低谷，甚至濒临破产的边缘，正是凭借这个广告，重新唤醒了消费者对苹果的信心，使苹果完成了商业史上伟大的转变。其实，这则广告的出发点并不是为了突出产品，也不是为了赞美计算机，而是为了赞美富有创造力的人——非同凡响的"狂人"。通过这则广告，人们会潜移默化地形成这样一种共识：要想改变世界，就要非同凡响。所以，与其说这是一则广告，还不如说这是一则励志的小故事。当然，并非所有的企业都有资格讲述这样的故事，也并非所有的人都有魄力创造这样的广告，但是当这个企业是苹果，这个人是乔布斯的时候，一切都是那么顺理成章。或者说，广告内外糅合在一起的故事，比广告里的故事更精彩。

知心话

那些真正鼓舞人心的演讲，往往是演讲者本人亲身经历的故事；那些真正打动人心的话语，往往也是故事背后支撑的道理。

人后不言人是非，人前少说风凉话

2004年1月15日，国际奥委会根据各申办城市提交的50页报告选择了五个城市，并在包括财政、安全和交通等11个项目中给各城市评分，最终选择伦敦、巴黎、马德里、纽约、莫斯科五个城市进入第二阶段。2005年7月6日，国际奥委会在新加坡召开全体会议，在投票选举中，莫斯科、纽约和马德里先后出局。第四轮投票中，伦敦击败了巴黎，成为第30届夏季奥运会的主办城市。事实上，在申请刚开始时，法国在各方面的规划都比英国完美，反观英国人，对于第三次在伦敦举办奥运会的兴趣似乎不大。那么，法国巴黎究竟是如何一步步在与伦敦的竞争过程中落败的呢？这就不得不提时任法国总统希拉克的一次拉票演讲。

原来，就在国际奥林匹克委员会公布最后结果前不久，希拉克竟然在公开场合说英国食物在所有欧洲国家中仅仅比最难吃的芬兰食物略胜一筹。这或许只是希拉克作为法国人天生优越感的一种体现，也有可能只是他想用幽默的方式挖苦一下英吉利海峡对面的邻居。不过，从专业的公关角度来看，这句话等于一下子挖苦了两个国家。对于向来以"绅士之都"自居的英国人来说，法国总统的这种挖苦是令人难以接受的。所以，在接下来的时间里，英国人民爆发了极大的申奥热情，支持率也逆势上扬，直到最后时刻以四票优势击败巴黎。

事实上，从公关的角度来看，当法国已经占据了优势的时候，领导人就应该懂得用怎样的攻心话术才是有利的策略。希拉克在大众面前讽刺英国人的食物，非但没有赢得其他国家的好感，反而刺激了英国人获胜的斗志。

"人后不言人是非"是我们逢人说话最起码的要求，但在人前的时候，即便你并没有什么恶意，也应该少说些风凉话。要知道，有没有恶意是你内心里想的，但对方不知道。对方判断你有没有恶意的唯一直观标准就是"你说了什么"。

知心话

论人是非、说风凉话除了满足说话者的虚荣心之外，于人于己都没有任何好处。